建筑设计未来院所长创新创业教育研究

欧海锋 著

东南大学出版社
SOUTHEAST UNIVERSITY PRESS
·南京·

图书在版编目(CIP)数据

建筑设计未来院所长创新创业教育研究/欧海锋著
. — 南京：东南大学出版社，2021.12
 ISBN 978-7-5641-9662-2

Ⅰ.①建… Ⅱ.①欧… Ⅲ.①建筑业-大学生-创造教育-研究 Ⅳ.①G640

中国版本图书馆 CIP 数据核字(2021)第 177123 号

建筑设计未来院所长创新创业教育研究

Jianzhu Sheji Weilai Yuansuozhang Chuangxin Chuangye Jiaoyu Yanjiu

著 者	欧海锋
出版发行	东南大学出版社
社 址	南京市四牌楼 2 号(邮编：210096 电话：025-83793330)
网 址	http://www.seupress.com
电子邮箱	press@seupress.com
经 销	全国各地新华书店
印 刷	苏州市古得堡数码印刷有限公司
开 本	700mm×1000mm 1/16
印 张	12.75
字 数	245 千字
版 次	2021 年 12 月第 1 版
印 次	2021 年 12 月第 1 次印刷
书 号	ISBN 978-7-5641-9662-2
定 价	53.00 元

本社图书若有印装质量问题，请直接与营销部联系，电话：025-83791830。

序　言

当前,高等院校创新创业教育改革是国家实施创新驱动发展战略、促进经济提质增效升级的迫切需要,是推进高等教育综合改革、促进高校毕业生更高质量创业就业的重要举措。建筑类专业实践性极强,高等院校需要着重培养建筑类专业学子开阔的视野以及正确的价值观和思维方式。

华侨大学建筑学院为了实现"为侨服务,传播中华文化"的办学宗旨,以"华侨建筑"为载体,以建筑的文化属性为切入点,依托华侨资源,结合实践性强的专业特点,联合境内外知名院校、政府机构、优秀企业共同参与,共同发力构建创新创业教育实践育人共同体。在人才培养方面遵循学科规律,整合各类资源,围绕教育教学改革实践课题,成立光明之城实践育人工作室,按照"目标共同、机制共建、资源共享、责任共担"原则严谨教育教学;强化社会、学校、学生三方有机融合,构建创新创业教育实践育人的社会化、基地化、项目化的运行机制;构建具有侨校特色的建筑类大学生创新创业教育人才培养体系。

近十年来,建筑学院在创新创业教育工作过程中不断改进和加强大学生思想政治教育工作,充分发挥高校人才智库优势,服务地方发展,积极探索与实践"三全育人"理念下的实践育人模式,不断地提高大学生的综合素质,从而更好地实现立德树人,促进社会主义建设,实现高校与社会共赢。其中,光明之城红色筑梦城乡修补志愿服务团依托"城市双修"政策,以"筑梦红色乡村,服务城乡修补"为理念,用科技服务乡村振兴,引导当代大学生走进乡村、走进红色革命老区。志愿服务团曾获得"中国志愿服务项目大赛全国银奖",入选"全国高校大学生志愿服务社区示范项目",入选"全国青年志愿服务精选优秀项目库",获"华侨大学校长特别奖"等荣誉。其工作案例作为团中央志愿服务脱贫攻坚最佳实践案例汇编出版,是全国仅有的12个项目之一。其中"以建筑连系两岸,文化振兴乡村,开展海峡两岸青年学子侨乡振兴工作营"是志愿服务团精品活动,先后3次得到国台办重点立项。与台湾、香港等地高校联合泉州王宫、晋江钱仓、集美嘉庚故里举办侨乡振兴工作营,实施乡村振兴科技创新行动计划。华侨大学建筑学院开展"知情意行"港澳台侨学生创新创业教育实践、教育交流,以促进闽港澳台交流为目标,建立闽港、闽澳、闽台三个交流平台,成立创新与服务团队,以"建筑设计"为媒,坚持"建筑服务闽港澳台,专业技术造福民生",借助乡村振兴和社区营造、活力台北设计、澳门城市更新活化、"寻找筑迹"香港厦门建筑文化双向交流、中马大学生一带一路建筑营等载体,增进港澳台侨学生对区域协同发展的认知,提升高校、政府、企业对港澳台侨学生的吸引力,促进内地与港澳台的深度融合,贡献侨校统战力量。

《建筑设计未来院所长创新创业训练营》这一本书,真实记录了建筑类专业教育过程中一线思想政治教育和创新创业教育的"好声音""好故事"。该书在中国建筑学会教育分会指导下,在相关基金的支持下,按照华侨大学建筑学院学科统一规划,福建省教改课题既定要求完成撰写,既聚焦搭建了教育、创新、就业、服务、文化互动平台,也构建了创新创业教育实践育人的社会化、基地化、项目化、专业化、多元化的运行机制;既探讨了创新创业教育对外合作交流项目拓展及推进路径,又构建了建筑设计未来院所长创新创业训练营课程体系;既找到了创新创业实践教育活动与加强学生思想政治工作的合力点,又为建筑学子价值判断、社会责任、文化认同等方面搭建交流融合的平台,可谓意义深远。该书中特别提到在引导大学生创新创业过程中,必须从百年党史中领悟党的思想与工作方法,才能够有效地使用"武器"和"钥匙"以认识问题、分析问题和解决问题。

该书的主要成果是在我校建筑学类大学生创新创业教育多年改革的基础上,基于华侨大学的侨校特色,通过结合华侨建筑与华侨文化,形成具有侨校特点的建筑学类大学生创新创业教育人才培养体系。在教育教学机制、方法、手段方面不断创新,通过境内外高校、政府、企业的合作,形成建筑类大学生创新创业教育育人共同体,为"一带一路"国家、地区输送建筑类创新性人才,更好实现我国高等教育人才培养的国际化发展。

谨此为序。

华侨大学副校长　刘　塨

本书课题资助项目：

1. 国家社科基金项目"逆向文化冲击对海外华侨华人回国创业的影响机理与对策研究"(20BGL056)

2. 高校思想政治工作专项经费

3. 中国高等教育学会"高等学校立德树人与创新创业教育研究"专项课题，"数智时代创新创业课程体系研究"(2020CYYB08)

4. 中国高校创新创业教育改革研究基金项目，"创新创业教育课程体系研究"(CCJG01Z003)

5. 福建省教育科学"十四五"规划 2021 年度课题立项《乡村振兴战略背景下〈创新工坊〉课程多方协同创新育人模式的构建与实践》(立项批准号 FJJKBK21-109)

目 录

第一章

建筑设计未来院所长创新创业教育课程实施方案 ·············· 2

建筑设计未来院所长创新创业训练营课程体系构建 ············ 10

高校实践育人工作的创新维度
　　——以海峡两岸青年学子光明之城实体建构体验营为例 ······ 15

基于知行合一的建筑教育教学思考与实践
　　——以乡村振兴创新科技行动计划为例 ·················· 22

建筑学院创新创业教育对外合作交流项目拓展及推进路径研究 ···· 29

新时代乡村建设型人才培养模式研究 ······················ 39

提升高校思政课实践教学实效性的路径探索
　　——以华侨大学"寻找城市价值"建筑游学教育实践活动为例 ··· 45

关于大学生创新创业教育现状及改进措施的研究 ·············· 54

第二章

致力乡村振兴　再造魅力乡土
　　——华侨大学建筑学院光明之城红色筑梦城乡修补 ·········· 62

海峡两岸青年学子光明之城建筑文化体验营的实践与思考 ················ 71

在建筑游学中寻找城市价值

　　——高校思想政治教育与工程实践教育的创新结合 ················ 77

为港澳青年就业创业搭台搭梯的思考与建议 ················ 83

中华传统文化融入一带一路建筑类人才培养模式研究

　　——以海外华裔大学生—华侨大学建筑营为例 ················ 88

青年创新创业需从百年党史中深刻领会党的思想与工作方法 ················ 96

第三章

华侨大学建筑学院2018"寻找城市价值"成渝建筑游学 ················ 100

华侨大学建筑学院2019"寻找城市价值 助力乡村振兴"杭州建筑游学 ················ 119

华侨大学建筑学院2020"寻找城市价值"长沙建筑游学 ················ 138

重视社区营造,推动乡村振兴

　　——由两岸光明之城建筑文化体验营引发的思考 ················ 158

2018海峡两岸青年学子光明之城建筑文化体验营 ················ 163

2019海峡两岸青年学子光明之城建筑文化体验营 ················ 177

建筑学院:"知情意行"港澳台侨学生实践教育交流 ················ 191

第一章

建筑设计未来院所长创新创业教育课程实施方案

一、课程基本情况

含师资队伍、教学理念、课程设计、课程资源(含数字课程资源)、课程实施、课程改革、拟取得改革成效以及课程在国内所处地位和水平等。

(一) 师资队伍

华侨大学建筑学院在开设建筑设计未来院所长创新创业教育训练课程伊始就确立了"精简干练、专兼结合、校企合作"的教师队伍建设方针,认真研究建筑设计创新创业体系和知识结构对教师队伍建设的要求,探索科学合理的教师队伍的知识构成和经验构成。教学团队由院系党政领导、专业教师、创新创业教育教师、企业著名建筑师、辅导员等担任。经过八年多的努力,建筑学院已初步形成了一支骨干教师队伍,为学院教学工作的顺利开展奠定了坚实基础。

(二) 教学理念

(1) 华侨大学建筑学院秉承培养具有综合素质的优秀建筑师的宗旨,坚持在教学和实践活动中落实"人·社会·环境"的科学教学理念,坚持从校园走向实践、走向创新的育人方向。

(2) 通过华侨大学建筑设计未来院所长创新创业教育训练营,华侨大学建筑学院致力于打造出一支以高校教师带队,以学院与学院、学院与企业、学院与地方联合主办的高质量、高价值"创新创业训练营"团队。将课堂授课与多元实践相结合,将建筑学子从校园引领至社会,将人才素质教育落实到实践。

(3) 培养建筑类专业学生的国际化视野和创新意识,紧密结合国际视野下的建筑类专业学生工作的实际情况,培养一批具有理智的社会价值判断能力、健康的社会心态和高度的社会责任感的建筑领导人。

(4) 以"实践教育"为工作中心,通过融入现实社会和生活的教育,打造设计界对人尊重、对环境尊重、对历史尊重的人才。

(三) 课程设计

1. "三全育人"教育方案

致力于"全员育人、全程育人、全方位育人"的"三全育人"理念,从领导到各科老师,从入学到毕业,从学生的德育智育到体育美育劳育,追求全面覆盖,师生全员参与,努力使每一个学生得到发展,培养具有高素质的大学生。

2. 光明之城红色筑梦城乡修补志愿服务团

以"'互联网+'创新创业大赛光明之城红色筑梦城乡修补公益创业团项目"为基础,通过大赛实践课堂,依托"城市双修"和"乡村振兴"等政策,以"筑梦红色乡村、服务城乡修补"为理念,以建筑设计为媒开展了四个品牌活动,在改善社区环境、提升社区功能、保护城乡历史和发掘城乡文化中奉献青春挥洒汗水,努力培养团队创新创业能力、管理协作能力、组织领导协调能力。

3. 寻找城市价值专业实践游学

以"实践教育"为工作中心,结合学科专业教学特色,探索建筑类专业工程实践教育中的创新创业教育新模式,是专创融合实践教学的创新式发展,贴合了新时期学生发展特点的实践教育活动。指导团队由院系党政领导、专业教师、创新创业教育教师、企业著名建筑师、辅导员等担任;游学实践时间选择放假后第一周,历时五天五夜;团队人数控制在师生40人左右,5个小组各自主导一天行程主题安排;自2015年伊始,至今历经五届,行至深圳、上海、成都、重庆、杭州等城市。

4. 国际化视野培养与实践交流

通过寻找筑迹香港—厦门双向交流项目、澳门班建筑技术服务社会、海峡两岸光明之城实体建构体验营、中马大学生建筑营、国际联合工作坊等专业实践活动方式,搭建国际平台,使学生走出校园,放眼国际,培养他们的国际视野。

5. 匠人青年专创融合厦门论坛

与湖里特区文创党委、GAD绿城、厦门合立道工程设计集团、厦门上城建筑设计有限公司等优秀创新创业企业和组织合作开展匠人青年厦门论坛,探讨与对话建筑的创新创业教育。

6. "人·社会·环境"建筑服务社会专题调研

培养具有过硬的建筑类专业技术、理智的社会价值判断能力、健康的社会心态和高度的社会责任感的人才,通过专题调研形式走进社会,发现问题、解决问题,使他们的专业技能得到全面发挥。

(四) 课程资源

建筑设计未来院所长创新创业教育训练课程的资源主要分为校内课程资源、校外课程资源和信息化课程资源三类。

(1) 校内课程资源。通过各类渠道,每年获取企业和学校、政府经费100余万元;拥有福建省人居环境重点实验室、建筑历史与遗产保护实验室等校内实践基地;指导团队由院系党政领导、专业教师、创新创业教育教师、企业著名建筑师、辅导员等担任,其各自不同的经历、生活经验和学习方式、教学策略的积累都是重要的课程资源,校内各种专用教室和校内各种活动竞赛也是重要的课程资源,通过这些资源培养学生搜集和处理信息的能力、获取新知识的能力、分析和解决问题的能力以及交流与合作的能力。

(2) 校外课程资源。光明之城红色筑梦城乡修补志愿服务团乡村和社区实践基地5个;寻找城市价值专业实践建筑游学,与5个全国知名企业共建;国际化视野培养与实践交流由中国华文教育基金会、闽台交流协会、中国建筑学会、中国台湾建筑师公会、福建土木学会等和"建筑老八校"、港澳台地区建筑类高校,以及日本、马来西亚等地知名建筑类高校等建立海峡两岸实践联盟、晋江实践基地;通过校外百度创业园等创客平台、图书馆、博物馆、社会实践活动、志愿服务活动、校企合作工作、国家级竞赛和学术沙龙论坛等资源促进学生发展、提高实践技能。

(3) 信息化课程资源。与校友互联网平台掌阅科技建筑学院App、建筑小课堂建立网络共享平台;中央统战部网站、中新社、厦门日报社、福建日报社、国台办网站、福建省政府网站等30多家媒体官网支持;通过网络教育平台和公众号、微博等信息渠道,培养和提升学生利用信息技术的意识和能力,了解必要的通用技术和职业分工,形成初步的技术能力。

(五) 课程实施

1. 光明之城红色筑梦城乡修补志愿服务团

服务团由热衷志愿服务的专业导师和中外青年组成,依托"城市双修"和"乡村振兴"等政策,以"筑梦红色乡村,服务城乡修补"为理念,全方位促进乡村产业发展。服务团签约确定实践基地5个,即厦门鹭江街道、龙岩铁山镇、湖里街道禾山社区、长汀国家古城文物保护委员会和同安大洋村。建筑学院青年师生联合政府、企业以及公益投资人共同推进乡村振兴和助力社区构建的公益团队。该项目在实施过程中取得了一系列成果,多个项目同时被人民网、凤凰网等多家知名媒体报道转发,得到了政府与社会各界的大力支持与认可。

2. 寻找城市价值专业实践建筑游学

完成华侨大学"寻找城市价值"系列建筑游学5期、签约共建企业5家；先后前往深圳、上海、成都、重庆、杭州等5个代表型都市建筑游学；与悉地国际、深圳立方、上海筑博、成都基准方中、杭州绿城等5个全国知名企业建立战略合作关系，签订毕业生实习就业订单协议。在游学实践过程中，工作室自主完成设计建筑游学专属logo、横幅、旗帜、徽章，并通过视频合集、游学手册、课题申报、论文等多种形式凸显深化游学成果，获得校思政论文二等奖。

3. 国际化视野培养与实践交流

澳门班建筑技术服务社会，举办澳门作业专题展览3次。通过澳门班师生活化更新改造设计方案，以激发更多人参与到澳门城市发展和对历史文化遗产的保护之中，实现"建筑服务澳门，技术造福民生"。在澳门特区政府土地工务运输局和澳门特区政府文化局邀请下，以地域特色为基础，以合作办学为纽带，展开了两区联合教学，对充分发挥华侨大学建筑学专业对教学计划的完善和文化交流起到了重要作用，深化了在教育模式上的探索和思考，开展了以"澳门世遗路线扩展与旧城更新""澳门非高校学校建筑研究""十月初五街活化更新"为研究课题的建筑技术服务社会澳门志愿服务，以及多元就业创业澳门校友寻访社会实践。

开展"一带一路"中马建筑类大学生实践营2期。以"建筑"为媒，参加"一带一路"光明之城侨村振兴（晋江）工作营，聆听"一带一路"相关建筑专题和文化专题的讲座，参与创新创业沙龙，建筑类大学生投身于乡村振兴，体验专业服务社会活动。

举办海峡两岸青年学子光明之城侨乡振兴工作营和实体建构体验营15次。与中国台湾地区、中国香港地区以及马来西亚等地高校建筑学院联合举办泉州王宫、晋江钱仓、集美嘉庚故里大社村侨乡振兴工作营，实施乡村振兴科技创新行动计划。在活动过程中，为培养具有国际竞争力的建筑设计队伍，全方位促进学生在专业学习、科技竞赛、就业创业、生活交流等各方面的全面提升；并将相关系列成果总结整合申请2017年度福建省统战政策理论研究课题；连续四年获得福建省优秀组织奖、两岸建构大赛金奖、厦门市特等奖，团体成绩第一名，累计被评选先进工作者4人，优秀指导老师8人次；获得华侨大学学生工作"特色与创新"科技创新单项奖；2015年、2016年、2017年海峡两岸光明之城实体建构体验营获国台办对台重点交流项目立项。

4. 匠人青年专创融合厦门论坛

建筑学院匠人青年专创融合厦门论坛开展5项实践活动，分别是特区文创一华侨大学文创交流活动；与百度创业园开展厦门民宿调研与房车露营地体验创意活动；与厦门合立道工程设计集团股份有限公司和厦门上城建筑设计有限公司共同举办校企共建交流活动；与英国建筑 AA 开展国际数位建造交流会；与马来西亚拉曼大学建筑系开展木工坊沙龙会。

5. "人·社会·环境"建筑服务社会专题调研

2017 年至今，"人·社会·环境"建筑服务社会专题调研社会实践立项共 60 余项，参加社会实践四百余人次。华侨大学建筑学院在省委 2017 年福建省大中专学生志愿者暑期"三下乡"社会实践活动中荣获"先进单位"称号，同时欧海锋老师、柯晓蕾老师和罗雨晨同学分别荣获"社会实践活动先进工作者"和"社会实践先进个人"的荣誉称号。

6. 创新创业相关竞赛活动

积极鼓励学生参加各类科创实践活动，关注建筑，关注人，关注社会，关注自然。以建筑设计未来院所长创新创业教育训练营为载体，获得全国"互联网＋"创新创业大赛创业微视频优秀奖；福建省扶贫大赛二等奖，海峡两岸大学公益创业策划大赛一等奖，"互联网＋"创新创业大赛校金奖两项；中国志愿服务大赛国赛银奖、福建省省赛银奖。

(六) 课程改革

1. 教学模式的转变

秉持"人·社会·环境"的理念，将创新创业教育看似复杂的多个角度进行整合分类，有机化、有序化地融合在同一个城市内，自主寻找多种具有代表性、典型性的城市要素，包括创业产业园孵化基地、城市地标、历史遗迹、旧区新生、建筑名企名校、校友寻访等，并加以探索和实践。创新创业教育实践在地点的选择上也综合了多方考虑。

2. 教学主客体的转换

教师从领导一线退居领导二线并转变为指导一线，学生成为整个活动的策划群体并占据主导地位。从前期准备到行程策划、探索实践再到后期汇报总结，学生的自我创造力、执行力、感官体验及成果收获均得到了最大可能的放大，这不仅坚持了"三全育人"的教育理念，也是我们在实践教育活动中最希望看到的教育中的质的变化。

3. 教学内容的创新

教学内容上，融入了中国优秀传统文化和党的革命文化教育，实现民族性、传统性和时代性的结合,以及马克思主义、传统文化和革命精神的高度契合,引导大学生接受爱国主义教育和汲取优秀传统文化的精髓,增强马克思主义理论自信和中华民族优秀传统文化自信。对于建筑类专业学生来说,他们独具对城市的敏锐感官、认知能力以及实践调研能力,教学中就利用学生的专业素养优势,以城市为焦点,以学生自我诉求为引线,以教师为指导,在城市中寻找并践行社会主义核心价值观,包括并不仅限于红色传承教育、创新创业教育、专业实践教育、就业前景探索、职业规划指导、文化自信教育等当下高校教育的重点问题。

(七)拟取得改革成效

1. 搭建五大特色课堂育人高阶平台

把握课堂主阵地,构建创新人才培养模式,探究建筑类学生创新创业过程中存在的问题,进一步构建科研项目孵化模式、"政产学研金介用"合作模式、专业实践模式。

2. 明确创新人才的培养机制

从实践育人角度出发探究政府、企业与学校协同创新育人机制,以实践基地为依托提升建筑类学生综合能力。

3. 制定创新人才的培养目标

以"培养人才在工作前8年靠优秀的专业技能胜任项目经理;8年之后靠在社会实践课程中锻炼积累的人事技能、观念技能升任所长或院长的岗位"为最终目标。

4. 拓宽建筑类学生多元化就业渠道

与企业合作开展优秀学生城市游学,搭建学生预就业平台。引进重点企业开展就业动员,搭建校企地互动平台。企业通过高校宣传实现在行业中的自我营销,高校则通过企业搭建社会教育平台。建立特色训练营培养精英,引入市场营销理念拓展就业市场。

5. 创业孵化项目挑战度的实践与探索

训练营孵化的实践项目参加教育部"'互联网+'创新创业大赛"和"创青春"相关赛事。

(八)课程在国内所处地位和水平

1. 学术地位

"建筑老八校"、港澳台地区建筑类高校,以及日本、马来西亚等地的建筑类高校为联盟会员单位,每年中国建筑学会正副理事长出席。建筑学院光明之城红色筑梦城乡修补志愿服务团项目获得中国大学生志愿服务大赛全国银奖;入选全国大学生志愿服务社区示范项目行列；入选全国青年志愿服务优秀项目库。1989年联合国教科文组织召开的"面向21世纪教育国际研讨会"提出，创新创业教育是以培养创新创业精神和能力为核心的一种教育模式，首次把创新创业教育称为"第三本教育护照"，把创新创业提高到与学术性和职业性教育同等重要的地位。

2. 资金政策扶持

连续三年获国台办对台重点交流项目立项；闽台交流协会、中国建筑学会、中国台湾建筑师公会、澳门工务局作为指导单位将该项目列入工作要点；福建省土木学会作为联合主办单位，各类资金到位百万元。我国创新创业教育理念开始于1998年教育部制定的《面向21世纪教育振兴行动计划》，政府对创新创业教育的重视程度非常高，支持力度非常大。时至今日，课程的设置初步形成体系，教学手段日益丰富，创新创业教育项目化发展，实践教学、研究机构越来越多。

3. 大学生自身重视

大学生创新创业教育是时代、经济和社会发展的需要，也是大学生自身发展和就业的需要。开展大学生创新创业教育对于大学生创新创业意识的培养、创新创业能力的提高及自主创新创业和就业有着重要意义，对于激发经济活力、推动创新型国家建设具有较强的现实意义。

4. 社会发展需要

随着创新创业教育的快速发展，对大学生创新创业教育的研究日益增多，研究方向主要集中在创新创业教育的现状、问题分析、教学方法、课程设置、任课教师、课程体系等方面。大学生对创新创业教育方式的需求呈现多样化趋势，但是创新创业实践训练是大学生认为在教育过程中最应该受到重视的。

二、课程建设计划

（一）建设目标

一个精英班、五个课程实践平台、三项教学实践保障，华侨大学建筑学院联合政府、企业、社会各方面共同参与，共同发力构建实践育人共同体，它是培养建筑设计未来院所长的全面深化创新创业教育改革和提高人才培养质量的一项系统工程。

（二）三项教学实践保障措施

(1) 组织和师资保障：闽台交流协会、中国建筑学会、中国台湾建筑师公会、澳门工务局作为指导单位将该项目列入工作要点；福建省土木学会作为联合主办单位;"建筑老八校",港澳台地区建筑类高校,以及日本、马来西亚等地的建筑类高校为联盟会员单位,每年中国建筑学会正副理事长出席;建筑学院和创新创业学院领导老师、华侨大学优秀辅导员工作室共同参与。

（2）经费与制度保障：中国华文基金会、国台办、华侨大学教务处、创新创业学院以及政府、企业等共建单位每年经费支持100余万元。

（3）条件与资源保障：与5个全国知名企业如悉地国际、深圳立方、上海筑博、成都基准方中、杭州绿城建立战略合作关系,签订毕业生实习就业订单协议;厦门鹭江街道、龙岩铁山镇、湖里街道禾山社区、长汀国家古城文物保护委员会、同安大洋村等单位成为签约实践基地。

三、课程特色和亮点

（1）华侨大学建筑学院联合政府、企业、社会各方面共同参与、共同发力构建实践育人共同体,它是全面深化创新创业教育改革和提高人才培养质量的一项系统工程。

（2）八年来,建筑学院鉴于实践性强的专业特点,在人才培养方面遵循学科规律,整合各类资源,围绕教育教学改革实践课题,成立光明之城实践育人工作室,按照"目标共同、机制共建、资源共享、责任共担"原则严谨开展教育教学实践。

（3）强化社会、学校、学生三方有机融合,构建教育管理、创新就业、文化互动平台,形成实践育人的社会化、基地化、项目化的运行机制,建立了建筑学院特色鲜明的实践育人体系。

（4）实践活动品牌化,知名度高、影响力大。

建筑设计未来院所长创新创业训练营课程体系构建

摘要: 建筑学院针对建筑类专业的特点,构建了建筑设计未来院所长创新创业训练营课程体系,致力于培养出具有良好创新创业思想的优秀建筑学子。文章针对当前高等院校创新创业教育现状,提出了建筑学院创新创业教育的总体改革内容与构建策略,以此来提升建筑类专业学子的创新创业教育水平。

关键词: 高等院校;建筑类专业;创新创业;课程体系

当前,高等院校创新创业教育改革是国家实施创新驱动发展战略、促进经济提质增效升级的迫切需要,是推进高等教育综合改革、促进高校毕业生更高质量创业就业的重要举措。建筑类专业作为实践性极强的一个专业,高等院校需要着重培养学生开阔的视野以及正确的价值观和思维方式。人才是"第一资源",建筑类行业迫切需要大量高技术、高素质的人才,华侨大学建筑学院未来院所长创新创业训练营课程体系的构建,致力于培养学生合作和创新能力,增强和提高大学生交流能力,促进学生在竞岗和创业中取得优势。

一、高校创新创业课程体系构建的重要性

1. 丰富教学内容,提升大学生综合素质

现如今,城市建设脚步不断加快,社会对于建筑类专业人才的需求越来越大,需要大量的建筑类人才储备,要求学生具有扎实的专业知识、良好的专业技术、开阔的视野以及活跃的创新意识。同时,社会上也存在着更激烈的岗位竞争。因此,高等院校对建筑类专业学生进行创新创业教育是十分必要的。通过完善的创新创业教育体系,培养建筑类专业学生的国际化视野和创新意识,解放旧观念,树立新的创新创业思想,转变传统的思维方式,提升学生的综合素质,达到设计与时代内涵、民族特色相契合的目的,才能设计出符合时代发展特点、迎合社会需求的作品。

2. 促进理论学习与专业实践相结合

高等院校对建筑类专业学生从设计理论、美术、工程技术、设计技能等多方面进行综合培养,致力于培养具备良好综合素质的建筑类专业学生。另外,建筑类专业服务于城市更新建设、环境修复问题以及当下热点话题"乡村振兴"等诸多方面,这要求建筑类专业学生具备更多的知识储备、综合全面的知识结构体系与专业技术,并且具备能够将理论知识应用于实际项目的能力。因此,创新创业教育课程的开展,为使学生能够将理论知识应用于社会实践而搭建中间平台,鼓励学生参与实践活动,检验自身的知识储备情况以及专业实践能力,促进建筑类专业学生对自身的审视,以此来提升建筑类专业学生的综合素质。

3. 提升人才培养质量,加强国家核心竞争力

在当代社会,求职者的数量不断增加,高等院校向社会输送的毕业生越来越多,社会上的岗位竞争愈演愈烈,应届毕业生难以找到合适工作的现象层出不穷。因此,创新创业教育课程的开展,有助于学生与社会接轨,提前认识并且适应社会。建筑设计未来院所长创新创业训练营课程体系的构建,培养建筑类专业学生以现实问题为导向,加强与社会各界的交流与合作,形成互助互建的交流新模式,构建创新人才培养模式,提高建筑类专业学生的综合能力,为国家输送更多、更全面的高素质的人才。

二、建筑设计未来院所长创新创业训练营项目总体改革内容

1. 搭建五大特色课堂育人平台

第一,以"大学生公益策划大赛"为实践课堂,通过团队形式参与策划大赛,各个成员发挥自身在团队中的价值,提升对自我及团队的认同感,进而培养团队管理协作能力和组织领导能力,在比赛中促进能力培养;第二,通过与企业单位合作游学活动,将高校与企业共建纳入游学体系中,以参观企业为契机,以校企交流的方式搭建校企合作平台,提高人事技能培养,实现学生学习与社会需求、市场需求的对接;第三,与知名企业、与文创党委共建,互通学习管理模式、企业创业与文创党委精神,开展匠人青年厦门论坛,探讨建筑行业创新创业教育;第四,结合建筑类专业设计成果展,搭建国际平台,促进各地高校学子交流学习,使学生走出国内市场,培养国际视野;第五,利用过硬的建筑类专业技术,以专业调研、市场勘探等形式,贴近现实社会生活,培养学生们的社会责任感。

2. 明确创新人才的培养机制，构建创新人才培养模式

建筑设计未来院所长创新创业训练营课程体系从实践育人角度出发探究政府、企业与学校协同创新育人机制，明确社会、企业等所需要的人才特点，以此为培养重点，围绕这一核心完善创新人才的培养机制，以实践基地为依托培育建筑类学生综合能力。创新人才是当今社会的一大需求，学院通过与知名企业联系共建，明确企业的人才需求，并以此作为创新创业教育的重点，为企业培养出具有创新意识的高素质人才；而企业则从学院的育人体系出发，学习学院多层次的人才培养方式，并运用于企业管理之中，完善高校学子毕业后的企业培养机制。另外，学院探究建筑类学生创新创业过程中存在的问题，以问题为导向，有目的地对创新人才培养模式进行思考与改进，进一步构建科研项目孵化模式、"政产学研金介用"合作模式、专业实践模式等，从而构建全方位培养创新创业型人才的新模式。通过多维度的人才培养模式，全方位地丰富建筑类专业学生的创新创业知识以及创新创业实践。

3. 拓宽建筑类学生多元化就业渠道

第一，作为建筑设计未来院所长创新创业训练营课程体系中的一个环节，高校与企业合作开展优秀学生城市游学，帮助学生了解优秀企业的工作模式，通过参观企业、校企交流问答，搭建学生预就业平台。第二，引进重点企业开展就业动员，搭建校企互动平台。企业利用高校宣传实现在行业中的自我营销，从企业的角度出发，向学生讲解企业需求与社会现状，让学生了解如今的工作模式；高校则通过企业搭建社会教育平台，帮助学生了解更多课堂之外的讯息，树立正确的创业就业观，为创业就业打下良好的基础。第三，建立特色训练营精英培养模式，引入市场营销理念拓展就业市场，以就业需求为出发点，培养学生的领导能力与合作能力，为社会输送既具备过硬的专业素养，也具备良好的管理能力的高层次人才。

三、高校建筑类专业创新创业课程体系的构建策略

1. 树立科学创新创业教育课程理念

高等院校作为学生在步入社会前的过渡平台，旨在为社会培养出一批批具有全面综合能力的人才资源，为市场输送具有不同领域专业技能的优秀毕业生。然而，在许多高校中，教学模式往往为以教师为主导，一对多地进行课程教授，在课堂上，学生是被动的。当今社会所需要的人才是主动的，是要具备创新精神的，所以传统的教学模式已经难以满足当代市场的人才需求。为了适应市场需求的转变，

为了提高学生的核心竞争力,高等院校应深入贯彻国家的创新创业教育改革政策,建立以培养大学生创新创业理念为主要目的的创新创业课程体系。建筑设计未来院所长创新创业训练营课程体系培养建筑类专业学生树立良好的创新创业理念,灌输自主创新的社会精神,提高他们的创新创业能力。

建筑服务社会专题调研是建筑设计未来院所长创新创业训练营课程体系中的一个重要环节。让建筑类专业学生走出课堂,走进社会,通过走访社区,发现社会问题;测绘古建,修缮古建;登上鼓浪屿,协助申遗等,来培养具有过硬的建筑类专业技术、在大学期间就能真正做到使用建筑专业技能服务社会,具有理智的社会价值判断能力、健康的社会心态和高度的社会责任感的建筑类专业人才。通过建筑服务社会专题调研形式,走进社会、发现问题、解决问题,使专业技能得到全面发挥。

2. 搭建开放式、多途径的活动课程平台

高校创新创业教育需要为大学生搭建不同形式的交流平台,使其能够通过不同的交流平台提升自己的创新创业能力,打破传统的课堂教授知识的培养形式,鼓励学生走出课堂,走进社会。建筑设计未来院所长创新创业训练营课程体系创造了多途径的活动课程平台,为学生提供多元开放、有机融合的交流机会。

城市游学课程将创新创业教育看似复杂的多个角度进行整合分类,有机化、有序化地融合在同一个城市内,自主寻找城市要素并付诸探索和实践(包括创业产业园孵化基地、城市地标、历史遗迹、旧区新生、建筑名企名校、校友寻访等多种具有典型性、代表性的城市要素);同时通过寻找筑迹香港—厦门双向交流项目、澳门班建筑技术服务社会、光明之城实体建构体验营、国际联合工作坊等专业实践活动方式,搭建国际平台,使学生走出国内市场,放眼国际,培养国际视野。

3. 加强校企联合,注重实践实训环节

建筑类专业作为以理论为基础、以实践为目的的专业性极强的专业,学生的知识停留在理论层面是远远不够的,如何将理论知识运用于实践之中是建筑类专业高等院校所要思考的问题之一。因此,建筑设计未来院所长创新创业训练营课程体系通过与企业联系,加强校企间的交流,倡导学生走进企业,欢迎企业融入校园的平台共建,为学生提供良好的实践实训平台。

"建筑学院—万科教育"未来梦想建筑师创业孵化作为建筑设计未来院所长创新创业训练营课程之一,以培养新一代建筑人才为目标,目前该工作室已和万科集团就儿童教育确认开展合作,对具体的落实已形成确切方案,并成立"美街新生活实验室"订阅号对该活动进行宣传推广。另外，建筑设计未来院所长创新创业训练营课程体系以"创享华园·职赢未来"为主题开展了四项实践活动，分别与湖里特区文创园、房车露营基地、厦门合立道工程设计集团股份有限公司、厦门上城建筑事务有限公司进行交流合作，通过与文创园、创业基地、知名企业的联系，以"实践教育"为工作中心，紧密结合国际视野下的建筑类专业学生工作的实际情况，融入现实社会和现实生活，培养设计界人才对人的尊重，对环境的尊重，对历史的尊重。

结语

建筑类专业高校对创新创业教育的改革有助于提升建筑学子的综合素质，培养其创新创业理念与能力，提高他们的社会竞争力。华侨大学建筑学院构建建筑设计未来院所长创新创业训练营课程体系，对建筑类专业学生进行多元化、高效化的创新创业教育，以搭建课堂育人平台、城市游学、校企交流、高校共建等主要形式，帮助学生从多方面了解社会现状与市场需求，培养出高素质人才，具有重要的意义。因此，在高校建筑类专业中，应重新审视传统的创新创业教育模式，转变创新创业教育理念，构建创新人才培养模式，完善创新创业培养机制，制定创新人才培养目标，拓宽建筑类专业学生的就业渠道，孕育出一批又一批的社会型人才。

高校实践育人工作的创新维度
——以海峡两岸青年学子光明之城实体建构体验营为例

摘要: 高校实践育人工作受到教育主客体的高度关注,进一步创新实践育人工作维度已提升到理论与实践的至高点。本文以海峡两岸青年学子光明之城实体建构体验营为例,从理念创新、实践创新、制度创新三个角度,诠释新形势下高校践行实践育人工作的创新维度。

关键词: 实践育人;理念创新;实践创新;制度创新

党的十八届五中全会公报指出:"坚持创新发展,必须把创新摆在国家发展全局的核心位置。"并首次将"理念创新"摆在极重要的地位。本文将高校实践育人工作中的总结与理念创新、实践创新、制度创新结合起来。海峡两岸青年学子光明之城实体建构体验营以"实践教育"为载体,紧密结合两岸的实际情况,融入现实社会和生活的教育,培养学生对人、对环境、对历史的尊重。该项目以校园文化建设为基础,强化社会、学校、学生三方有机结合和互动,构建了教育、创新、就业、服务、文化互动平台,形成了实践育人的社会化、基地化、项目化、专业化、多元化的运行机制,找到了实践教育活动与加强学生思想政治工作的合力点。基于这一活动的总结沿着"理论创新"的思路进行研究,具有较强的理论意义和实践价值。发挥实践育人工作在高校教育教学过程中的重要作用,增强高校实践教学的实效性和工作认同感,培养出有理想、有道德、有文化、有纪律的高素质人才。

一、实践育人的涵义与特征

当前学术界对实践育人的界定尚无定论,更多的是对于实践育人这一概念的片面理解。有以下几方面论述:一是认为实践育人与理论授课是相对的,只是强调缩减理论教学,将实践教学放在重心位置,而忽视了两者的互补性,对于实践育人的理解更是停留在表层涵义上;二是强调实践育人对于理论教学的补充、弥补作用,没有考虑到实践育人的独立位置,使得实践育人工作单纯地成为理论教学的实践性途径;三是着重强调"育人"层面,成为高校思想政治教育的一个手段和途径,在创新发展高校思想政治教育的论述中,实践育人则成了一个很好的"挡箭牌",缩小了实践育人的使用范围。

基于以上"实践育人"的片面理解,结合笔者多年一线学生工作的实践经验,体会到实践育人更加深刻的理论内涵。实践是在主客体的相互关系的发展中进行和发展的,其基本内容是主体客体化、客体主体化以及它们之间双向对象化的有机统一过程和活动。高校实践育人工作是发挥实践在培育青年学生学习、锻炼、成长各方面的作用的育人观。通过实践育人,高校培养出一批致力于实现中国梦这一伟大实践、投身于中国特色社会主义建设、弘扬中华民族传统文化、践行社会主义核心价值观的青年学子。由此可见,实践育人不仅是一种实践范畴,更是一种意识范畴,具有以下特征。

1. 以生为本

改革开放四十多年来,经济实现飞跃式发展,高校学生的个人意识日渐凸显,实践育人工作的有效性首先要充分满足学生的主体性诉求,充分突出学生的主导作用,重视学生的情感态度与价值观,如此才能实现实践育人的最大收益,引导学生在学习中发挥自身的主动性,增强学生的创造力和创新意识,促成教育主客体的有效互动。"以生为本"是实践育人工作长效发展的第一前提。

2. 多元开放

实践育人并不仅仅存在于思想政治教育工作当中,在各门学科建设中都有其一席之地,教育工作者应当关注学科特色,将实践教学融入课程学习中,实现学生的综合发展,从而培养出德智体美劳全面发展的高素质人才。实践育人的多元开放体现在其实施过程的每一个环节中,不断适应新时期新环境的变化,努力实现学生的自由而全面的发展。多元开放的特征是高校实践育人工作开展的基准和原则。

3. 理论结合实践

马克思主义认识论强调,实践对认识具有决定性作用;实践是认识的来源,实践是认识发展的动力,实践是检验真理的唯一标准。在高校的理论教学中,实践的互补地位更加突出。我国各高校的实践教育让学生对所学内容更易产生深刻印象,更有利于大学生融入社会,了解社会,增强社会责任感。其强调在学习和掌握好基础知识的同时,实现学以致用。这一重要特征有效地增加了理论知识的使用价值,保持实践活动中的理论素养。实践育人在理论和实践的有机结合、相辅相成的作用下,在高校的育人工作中发挥着重要作用。

二、理念创新:增强实践育人工作的认同感

习近平总书记在同各界优秀青年代表座谈时曾说:"创新是民族进步的灵魂,是一个国家兴旺发达的不竭源泉,也是中华民族最深沉的民族禀赋,正所谓'苟日新,日日新,又日新'。生活从不眷顾因循守旧、满足现状者,从不等待不思进取、坐享其成者,而是将更多机遇留给善于和勇于创新的人们。"在高校实践育人工作的开展上,更不能停住我们创新的脚步,要将一些因循守旧和满足现状的态势扼杀在摇篮之中。笔者认为,理念上的创新是实践育人工作开展的先导,是新时期高校推进实践育人工作的必由之路。

十八大以来,习近平总书记对实践育人也有过多次的表述,比如"广大青年一定要练就过硬本领。学习是成长进步的阶梯,实践是提高本领的途径。青年的素质和本领直接影响着实现中国梦的进程"。也就是说,高校对学生在实践方面的培养是新时期迫切需要的。如清华大学从2004年起大力加强实践教育,在本科生的理论课教学中融入研究性学习和新生研讨课,大力强化暑期社会实践的育人功能。增强教育主客体以及社会各界对实践育人的认同感,是开展高校实践育人的前提条件。

以海峡两岸青年学子光明之城实体建构体验营为例,它是从华侨大学光明之城实体建构大赛、厦门市光明之城实体建构大赛发展而来,作为海峡两岸交流项目举办的。通过一系列的推广实践活动,实体建构体验营获得国务院台办、中国建筑学会等有关单位网站和中国新闻网、香港商报等30多家媒体的关注和报道;同时受到海峡两岸高校、企业单位和社会各界影响,充分利用海峡各界的交流合作,推广中华建筑文化,提升两岸青年学子的文化认同感,并在海峡两岸形成了广泛的群体基础和积极正向的社会影响力。这一活动从无到有实现了实践活动从不被认可到大获赞扬,其成功的首要因素就在于对于实践活动本体的理念创新,在立足建筑学子自身发展的基础上,结合社会所需,实现最大限度的学以致用,从锻炼学生组织活动的团队合作能力到运用专业知识的社会实践能力,都彰显了实践育人的实效性。在这项优秀实践工作的开展下,无论是学生、教师还是社会各界,对于学校与社会的无缝衔接都给予了高度的评价和认同。

在海峡两岸青年学子光明之城实体建构体验营活动中,华侨大学建筑学院的

学生联合台湾地区中国文化大学学生自发组建海峡两岸高校建筑类学生专业实践联盟，为两岸高校搭建建筑创意设计实践的交流平台，形成一条培养具备"专业自信、社会担当、团队精神"的建筑师的实践之路。在理念创新的驱动下，学生的实践工作得到了多方面的支持，在下一步的实践过程中，实践育人更加侧重于学生所关注的兴趣点，笔者在这一实践活动中更加享受与学生们共同分享他们的创新想法和灵感的碰撞。因此，发挥实践育人的重要作用，要始终立足于创新实践育人的工作理念，获得学生、教师乃至社会各界的高度认同，高度重视在实践中推动学生的全面发展，为高校实践育人的工作开创崭新的局面。

三、实践创新：创造实践育人的工作平台

实践育人作为一项整体运行的工作过程，需要多方面的协调和配合。在学生与社会之间起到衔接作用的就是教师队伍。为了使得实践育人的工作更加具有针对性，就需要学校与社会各组织单位的良好配合，相互依托，为高校实践育人工作提供更加广阔的平台。这就需要在实践中实现内容、形式、效果等多方面的创新，搭建更加切合学生利益、满足社会需求的实践教育平台。创新实践育人的实践形式，是形成实践育人工作共同体的首要环节。针对不同的实践内容和目标，高校师生可选择有利于实现效果的创新实践形式。以高校为主导的实践育人的工作共同体、以企业单位为主导的实践育人的工作共同体、以政府为主导的实践育人的工作共同体，这些不同模式的转换，使高校实践育人工作模式多样化。

海峡两岸青年学子光明之城实体建构体验营为青年学生搭建了一个直接接触实际工程项目企业的重要平台，实现了高校与企业的无缝对接，创造了一个鲜活的实践育人的工作平台。在这一平台上，学生们充分发挥创新精神，自己创办、自己参加、自己总结，把握住每一个实践活动所带来的成效。其充分实现创新实践的环节，为校企生三方搭建了可持续发展的实践平台，对于高校本身，也确立了实现教育学生多样化、回馈社会有效化的工作目标。其中，第一届海峡两岸光明之城实体建构竞赛的参赛作品大都由学生讨论设计完成，与企业的合作提供给同学们更加科学、前沿的想法和技术，使作品有除展示之外更多的可能性和更大的真实性。"让更多人受益"便达到了"海峡两岸光明之城实体建构竞赛"的目的。同时，倡导"低碳与创意""环保与节能"的"光明之城"建筑文化节及其品牌活动"海峡两岸光明之城实体建构竞赛"获得了校内外的广泛关注，也赢得了厦门市民的称赞。

笔者结合海峡两岸青年学子光明之城实体建构体验营这项实践活动，从三个

方面来谈对实践育人实践创新维度的保障。首先,实践工作所达成效具有一致性。学校、企业和政府部门,在实践的过程中形成利益共同体,其宗旨是实现国家人才的培养和促进社会的不断发展。在实际的工作中,不能避免追求单方面的利益最大化,但是在共同宗旨面前,要实现以共同宗旨为优先的基本原则。其次,在实践的过程中,各单位组织应当实行"开放政策",对于阻碍合作的机制和一些烦琐的工作流程,都应当进行适当的调整和改进,提高实践育人的工作效率。在具体的实践育人的过程中,会碰到很多阻碍合作的条例和规定,使得一些很好的实践创新项目只能停留在策划书的层面,归根到底还是一些政策的不开放所导致的。因此,开放型的政策和条例更加有利于实践育人工作的开展。最后,实现双赢的良好局面,优势互补、资源共享。在实践育人的工作中,学生进入社会,为自身未来的发展埋下良好伏笔,实现自身的素质拓展;同时对接企业也获得了在校青年学生的创新想法和新的工作思路,拥有了年轻的"智囊团"。在这种良好合作下,每一主体都将实现自身的发展和收益。

四、制度创新:完善实践育人的工作机制

  基于实践创新的考量,在实践育人具体的工作环节中,制度保障发挥着至关重要的作用。十八大以来,全面依法治国的思想深入人心,在高校中,同样需要依法行事,在高校实践育人方面,制度上的创新与完善还没有具体实施,只是处于鼓励和宣传的阶段。笔者在实际工作中发现,许多环节都需要一些制度的保障,从而使高校实践育人工作能够顺利开展。高校实践育人工作需要一个长效机制的保障,所谓长效机制就是致力于实践育人工作的长期发展,而不是将其看成一时兴起的工作,使实践育人工作能够在一定时间内持久地发挥应有的积极作用,其中包括各环节相互之间形成和谐持久的工作状态。

  首先,组织机构政策的出台。每一项实践育人工作的开展都是由特定部门来承担的,其在实施过程中发挥主导和解释的作用,应该树立起一定的责任意识。建立完善的责任机制,使参与活动的每一个成员都能落实自身的任务;同时,高校和企业也能够把握正确的工作方向,不断促进学生和社会的共同发展。这也是完善我国法律的一小部分,在立法机制缺失的情况下,更需要我们在实践育人的过程中拟定一个合理合法的工作范围,保证一切工作都符合法律的规范,为实践育人提供一个大的前提保证。在这样的保护机制下,无论是学生、学校、企业还是政府,都将始终遵循一个合法的机制来开展工作。一些高校优秀的创新实践项目,也是由于没有政策的支持和保障,而最终没有开展实施,可见,无论是实践环节开展之前还是过程中都需要组织机构的政策制度加以保障和支持。海峡两岸青年学子光明之城实体建构体验营以"实践教育"为工作中心,以交流项目为平台,不断解放思想、创新举措,与海内外学科前沿院校协同创新,提高教育教学的国际化水平,共同实现国际化视野下实践创新型人才的培养。这些都离不开各方面的支持和保障,当然,我们更加期待完善机制的出台。

其次,考核和评价机制。实践育人工作的开展始终坚持"以生为本",充分重视大学生思想政治素质、专业技能等多方面的发展。在实践育人工作开展后,更要对实践过程的收获作一定的总结和反思,并建立起完善的考评机制,充分实现在实践育人工作后再一次强化工作的实效性。这种机制的建立不仅要依据学校对学生的要求,更要立足于社会的综合评价,以实现对学生综合素质的考察。实现双方共同的评价机制和标准,也让学生明确实践育人的真正目的。并且,在考评后对于表现优秀的学生也要加以表扬和鼓励,这对于学生参加实践活动的积极性是一个巨大的鼓舞,这也是教师在实践育人工作开展中需要特别注意和强调的。

最后,建立宣传引导机制。每一项实践活动的开展不仅需要组织者和参与者的共同完成,更需要社会各界的关注和认同。在网络传媒流行的时代,消息的传播是十分迅速的,我们更要善于将大众传媒作为我们活动的载体,充分发挥电视、报纸、网络传媒等的宣传作用,将实践育人工作开展的创新思路与全社会进行共享,在社会上引起共鸣和认同。同时在实践中也要树立典型人物,使其在学生中起到榜样示范作用,激励学生参与到实践育人的工作中。

五、结束语

高校实践育人工作中,需要对实践育人活动进行全面的认识和把握,通过正确解读实践育人工作开展的三大维度创新,建立完善的实践育人策略,不断指导实践育人工作的开展。

参考文献

[1] 黄捷荣.论科学实践的主体和客体的双向对象化[J].现代哲学,1995(3):64-67.

[2] 习近平.在同各界优秀青年代表座谈时的讲话[N].人民日报,2013-05-05.

[3] 顾秉林.加强实践教育,培养创新人才[J].清华大学教育研究,2004(6):1-5.

Dimensions of the educational work of university practice innovation
——To young students from the city of light across the Taiwan straits entity construction camps, for example

Abstract: Educational work under the high attention of education subject university practice, further the educational work dimensions have ascended to the innovation practice to the highest point of the theory and practice. Based on the sides of the Taiwan straits young students, for example, the city of light entity construction experience camp from the concept of innovation and practice innovation, system innovation three angles, interprets the practice of colleges and universities under the new situation of the educational work of innovation practice dimension.

Key words: Practice education; Theoretical innovation; Practice innovation; System innovation

基于知行合一的建筑教育教学思考与实践
——以乡村振兴创新科技行动计划为例

摘要：知行合一是高校教育的基本准则,知是行之始,行是知之成。建筑教育作为理论与实践相结合的专业之一,将知行合一理念融入建筑教育教学的思考和实践之中,强化学生的专业素养,培养学生的实践意识,提升学生的创造能力,从而提高专业人才培养质量。现以华侨大学建筑学院乡村振兴创新科技行动计划为例,分析基于知行合一下的建筑教育教学的具体实践与思考,为培养更多的建筑人才、加快实现乡村振兴战略提供实践需要。

关键词：建筑教学；乡村振兴；知行合一

党的十九大报告指出："农业农村农民问题是关系国计民生的根本性问题,必须始终把解决好'三农'问题作为全党工作的重中之重。"[①]实施乡村振兴战略是我们党为全面实现小康社会,加快社会主义现代化建设步伐的重大战略决策。城乡规划专业及相关建筑专业教育是支撑城乡建设事业人才技术的重要保障,随着我国新型城镇化的发展,城乡规划专业及相关建筑专业的人才培养模式也面临着重要的转型。正是在此背景下,建筑学院以知行合一的理念,对建筑教育教学进行思考与实践,开展了华侨大学建筑学院乡村振兴创新科技行动计划。

一、乡村建设型人才培养的现状和目标

教育部在 2018 年 12 月发布的《高等学校乡村振兴科技创新行动计划（2018—2022 年）》中指出："以适应乡村振兴战略实施需求为目标,通过五年时间,逐步完善高校科技创新体系布局,强化高校科技和人才支撑体系,高校服务乡村振兴的创

---

① 习近平.决胜全面建成小康社会夺取新时代中国特色社会主义伟大胜利：在中国共产党第十九次全国代表大会上的报告[M].北京：人民出版社,2017.

新能力和质量显著提升,培养造就一支懂农业、爱农村、爱农民的人才队伍,使高校成为乡村振兴战略科技创新和成果供给的重要力量、高层次人才培养集聚的高地、体制机制改革的试验田、政策咨询研究的高端智库。"①这为乡村振兴人才培养制定了主要目标和任务。总的来看,以往城乡规划及相关建筑专业的发展,是在原有专业教学体系中以注重理论、专业训练及设计者视角为核心,以单一专业背景为基础,由于其拘泥于封闭的教学系统,造成了专业设计师与真实场地条件及社会现实的脱节,对于社会问题的了解严重缺失。转型期的应用人才培养将基础理论教学与社会实践教学相结合,为乡村培养地域性人才,成为专业教育的主导方向。在人才培养上,乡村规划教学尚处于探索阶段,乡村规划建设管理人才短缺。当代人才多集中于城市发展,忽略乡村建设方面,使得城乡发展极不平衡,乡村人才空洞化严重。对人才进行有方向性的培养,既契合了国家对乡村建设的重视,也是现今创新教育、实践性人才培养的必然选择。

(一) 以培养社会责任感为依据,坚持创新性培养教育为载体

华侨大学建筑学院乡村振兴创新科技行动计划从学院教学教育工作实际情况出发,融合师生思想智慧力量,针对创新性教育的新局面,在新形势、新格局、新社会背景下,针对乡村建设对建筑人才的需求,着力培养具有各方面能力的乡村建设型人才,力争每年完成相应育人成果。构建一批精英人才队伍,着重培养实践型、创新型人才,培养学生学科归属感和社会责任感,塑造乡村建设型人才,从而推动社会经济发展。在探索新型大学生创新培养模式的基础之上,满足新时代乡村振兴对德能兼备高层次乡村建设人才越来越大的需求,提高人才培养质量。

(二) 坚持以技能培养为核心,以素质培养为线索

要不断创新素质教育手段,将专业素质教育渗透于思想道德教育和专业技能教育的过程中,从而在提高学生专业技能、增强学生技术应用能力和技术管理能力的同时,帮助学生构建职业生涯的素质平台,提高学生专业素质和职业道德素养。本项目改革内容的核心是培养乡村建设型人才,将专业性的激情与实践性的能力有机融合,立足于社会发展进程要求,发挥建筑学科在乡村振兴中的独特推动力,贯彻"创新与实践"相结合的培育理念,建构新型人才培养模式。充分认识到当前社会背景下乡村建设型人才培养的成果与不足,搭建创新实验区,紧跟时代发展潮流,增加创新创业实践机会,提供多方面锻炼平台。

---

① 中国政府网 http://www.gov.cn/xinwen/2019-01/04/content_5354819.htm

(三) 搭建创新实验区,优化培育模式

结合学生就业方向和成才需求,在原有的实践平台基础上,搭建创新实验区、加强校政企联合等平台,从多方面保证培养模式的建立。制定好完成好各项目工作方案,实现全面协调发展。拓展建筑学院三大专业的专业实践教育,带动学科转型,以学生技能培养为核心,以素质培养为线索,完善课程教育模式。增加和拓宽学院对外交流,促进学院与企业、社会的学术交流,提升学生对外交流与工作能力,更好地发挥专业优势、走出校园迎接挑战。扩大就业方向,适应乡村建设的需求。

二、乡村振兴创新科技行动计划的具体实践

乡村振兴创新科技行动计划为华侨大学社会实践的品牌活动,也是建筑学院重点推进的项目。乡村振兴创新科技行动计划包括"低碳·环保""传承中华文化共筑光明之城""弘扬海丝文化,共筑光明之城""光明之城建筑文化体验营"等一系列主题活动。旨在推进中华文化的传承和发展,提升青年学子的文化认同感,在促进大学生创意设计实践交流的同时,提高学生的实践动手能力,培养社会责任感,助力乡村振兴战略。

(一) 乡村振兴创新科技行动计划的具体开展

乡村振兴创新科技行动计划自开展以来,举办了大大小小的活动,都取得了良好的成效,下面以几个活动为例作一简单介绍。一是成立华侨大学光明之城红色筑梦城乡修补志愿服务团。服务团设立了学校、企业、高校、政府一体化理事委员会,依托"城市双修"政策,以"筑梦红色乡村,服务城乡修补"为理念,将实施"城乡修补"新举措作为主要任务,用科技服务乡村振兴,引导当代大学生走进乡村,走进红色革命老区;着力改善城乡功能、环境质量,发掘和保护城乡历史文化,更使大学生在改造过程中融入学科知识,提高实操性和创新性,增强社会责任感。二是侨村振兴计划:打造温馨的侨村人才振兴服务机构行动。建立"引凤"侨村振兴工作站,进行项目孵化,为人才提供优化政策、技术、培训服务行动;同时根据乡村人才匮乏的问题,成立了战略管理委员会、技术指导委员会,建院师生通过政策宣讲、专项培训、技术指导等方式参与到侨村振兴工作站的服务中来;利用侨校优势和建筑特色专业优势为老华侨、新华侨与侨村创建平台搭建舞台。三是建立海峡两岸建筑类大学生乡村振兴实践基地,设立乡建基金,举办了海峡两岸青年学子光明之城侨乡振兴工作营。海峡两岸青年学子光明之城侨乡振兴工作营是在闽台交流协会、中国建筑学会、中国台湾建筑师公会的支持和指导下,由华侨大学、台北市立大学、福

建省土木建筑学会联合中国建筑学会建筑教育评估分会共同主办的海峡两岸建筑类学生专业实践教育交流活动。工作营对乡村进行调研，提出相应的社区营造与振兴规划方案。该体验营在加强海峡两岸各界交流与合作的同时，对推广中华建筑文化、提升海峡两岸青年学子的文化认同感产生了积极影响，因而拥有广泛的群体基础和可持续发展性。四是开展海外华裔大学生华侨大学乡村振兴营。通过中国华文教育基金会组建海外华裔大学生乡村振兴志愿服务队伍，开展一带一路祖籍地乡村振兴工作坊、中华传统文化木工坊，与地方创业园共同开展建筑类大学生乡村振兴与创新创业沙龙，贡献侨智、提供侨力、引导侨资，共同参与乡村振兴，共同建设美丽乡村。

（二）乡村振兴创新科技行动计划的实践经验

乡村振兴创新科技行动计划以提高建院学子的实践创新能力，培养其社会责任感，助力乡村振兴战略为宗旨，在多次活动中从"摸着石头过河"到一点点积攒经验，更好地以理论支撑和理念构建引领乡村振兴"创新科技行动计划"系列活动的开展。一是实现乡村振兴，需要获得居民的认同感。在"筑梦红色乡村，服务城乡修补"之泉州某地王宫社区营造中发现，想要乡村社区保留原有建筑并最大可能地实现可持续发展，必须获得当地居民的认同感，使居民与学生具备相同的意志与接近的理念，只有民众从自身出发，转变意识，自发性改善基本需求并且养成一种习惯，维持一定的程度，才能使乡村拥有新的面貌，从而推动乡村振兴建设的步伐。二是实现乡村振兴，需要培养学生的责任感。建院学子作为大学生群体的一部分，对于国家层面的建设发展有不可推卸的责任。通过乡村振兴创新科技行动计划，让学生们有机会参与到乡村振兴的建设之中，亲身去实践、去感悟，才能更加直观地理解所学专业，提高创新实践能力，培养社会责任感，树立远大理想。三是实现乡村振兴，需要文化传承与文化自信。中华传统优秀文化需要我们的传承和发扬才能流传下去，传统文化是每个乡村所具有的特殊价值，文化的传承与振兴，发扬文化本身所存在的意义是乡村振兴的重要任务。以创新理论、创新手段对传统文化进行新展示、再创造，积淀并实现文化的传承、融合和创新，从而实现传统文化的创造性转化和创新性发展。乡村振兴之于文化自信的目的就是找回那些正在快速消失的、仅被一少部分人坚守的、我们这个族群特有的价值观、人生观、世界观，即中国人自己的活法。就是我们这辈子应该怎么活，对生命周遭什么是好的，什么是坏的，什么是应该珍惜的一种价值判断，以及我们怎么看待天地、看待万事万物的一种观念和态度。透过活动交流从而对乡村振兴产生直观认识，从而凝心聚力，为实现乡村振兴添砖加瓦。

三、从乡村振兴创新科技行动计划看新时代乡村振兴发展的思考

乡村振兴的目的,不是为了减缓城市化建设进程,也不是为了回到从前的农耕文明最鼎盛的状态。从阶段性目标来看,乡村振兴,一是为了实现脱贫,二是为了协调城乡资源的空间关系,三是为了生态环境的重塑;而从长远角度看,乡村振兴一定还包括一种中国文化特有的新生活空间的营造,还有文化自信之根的修复与保养。因此可以从以下几个方面入手:

(一)打造高质量教师队伍

自古以来,老师的任务就是"传道授业解惑也",在现代提及教师,更多的是理解为"教书育人"。作为建筑类实用性专业,高质量的教师队伍建设不仅能够确保专业教学质量的提升,更能够给学生带来不一样的视听盛宴,激发学生的学习兴趣,更好地提升他们的专业素养。同时,专业性教师队伍的组建,也能够为学生的社会实践、创业创新等活动提供专业的指导意见。其注重理论学习与实践操作的结合,带领学生走出理论课堂,从而提高建筑类专业的实用性,达到学以致用,知行合一的教育目的,为当下新时代乡村振兴战略的实现和乡村建设的发展提供人才培养的保障。专业知识过硬、高素质、高质量教师队伍的建立,是高校进行乡村振兴创新科技行动计划宣传教育的中间桥梁,要制定相应的考察制度和方法,重视对教师队伍的建设与培养,也为教师自身专业知识的学习提供更多的渠道。

(二)培养高素质学生人才

习近平总书记指出:"青年,是国家的未来和民族的希望,是社会上最富有朝气、最富有创造性、最富有生命力的群体;青春理想、青春活力、青春奋斗,是中国精神和中国力量的生命力所在"。乡村振兴创新科技行动计划活动旨在建立乡村建设及乡村振兴人才智库、企业智库、专家智库;开展包括乡村、政府、高校、企业、农民等各级乡建专业培训班;建立引进乡村建设及乡村振兴高校人才机制和平台。例如两岸高校合作共建海峡两岸乡村建设及乡村振兴研究院;推动乡村建设及乡村振兴专业体系建设。注重对高校建筑类专业学生的专业知识讲授、社会责任感培养。多次举办和参加像乡村振兴创新科技行动计划类似的活动,提高学生的专业素养和实践经验,为乡村振兴战略的实现提供智力支持。

(三)探索创新教育模式,致力乡村振兴战略

在"大众创业、万众创新"的时代背景下,推动创新创业教育意识的培育和实

践,是致力于乡村振兴战略的重要途径。乡村振兴创新科技行动计划是建筑学院在探索中创新的全新、高效的教育模式,对于建筑类专业学生来说,他们独具对乡村的敏锐感官认知能力以及实践调研能力,学生能够利用自身的专业素养优势,以乡村为焦点,以自我诉求为引线,以教师为指导,在乡村中践行社会主义核心价值观,寻找创新创业教育、专业实践教育、文化自信教育等当下高校教育的重点问题。通过一系列社会实践活动,让学生走进乡村振兴、了解乡村振兴,从而领悟实施乡村振兴战略的时代价值和重要意义,以此树立远大理想,通过自身努力致力于乡村振兴,也对大学生个人职业生涯规划的具体化安排起到积极作用。

实施乡村振兴战略作为我国社会主义现代化建设的重要环节,需要培养更多的建筑类专业人才,从保护传统建筑到创造现代建筑,把所学的理论知识更好地与实际相融合。华侨大学建筑学院乡村振兴创新科技行动计划,切合新时代主题对建筑教育教学的开展实践与思考,为培养更多的建筑人才、加快实施乡村振兴战略具有重要意义。

参考文献

[1] 习近平. 决胜全面建成小康社会夺取新时代中国特色社会主义伟大胜利——在中国共产党第十九次全国代表大会上的报告[M]. 北京:人民出版社,2017.

[2] 中共中央宣传部. 习近平新时代中国特色社会主义思想三十讲[M]. 北京:学习出版社,2018.

[3] 教育部. 教育部关于印发《高等学校乡村振兴科技创新行动计划(2018—2022年)》的通知[Z]. 教技〔2018〕15号,2018.

[4] 习近平. 习近平谈治国理政(第一卷)[M]. 北京:外文出版社,2018.

[5] 李一楠. 以红色社会实践活动推进大学生社会主义核心价值观教育的理性审视[J]. 思想理论教育导刊,2019(2):78-82.

本文系"十三五"教育科学规划本科高校教改专项"建筑学院创新创业教育对外合作交流项目拓展及推进路径研究"(项目批准号:FBJG20180025);2018年福建省中青年教师教育科研项目立项"利用'乡村振兴行动'促进大学生社会主义核心价值观认同教育研究"(项目批准号:JAS180799);2019年华侨大学创新创业教育改革立项项目"建筑设计未来院所长创新创业训练营课程体系构建(612-50319023)"和"新时代乡村建设型人才培养模式研究(612-50319004)"。

Consideration and practice of architectural education teaching based on integration of knowledge and practice
——Take the action plan of Vitalizing rural areas and innovating science and technology architecture as an example

Abstract: The combination of knowledge and action is the basic principle of higher education. Knowing is the beginning of doing, and doing is the result of knowing. One of the major architectural education as a combination of theory and practice, the unity of knowledge and practice thinking and ideas into the construction of education and teaching, strengthen students' professional qualities, cultivate students' practice consciousness, improve the students' creative ability, so as to improve the quality of professional personnel. Taking the action plan of Rural Revitalization and innovation science and technology of the School of Architecture of Overseas Chinese University as an example, this paper analyses the concrete practice and thinking of the teaching of Architectural Education Based on the combination of knowledge and practice, which is of great significance for training more architectural talents and speeding up the implementation of the plan of rural revitalization.

Key words: Architectural teaching; Vitalization of rural areas; Integration of knowledge and practice

建筑学院创新创业教育对外合作交流项目拓展及推进路径研究

摘要： 近年来，全国各地高校在专业理论教学的基础上更加注重对学生创新创业教育的培养，旨在塑造更多具有创业基本素质和开创型个性的人才。自教育部明确将国际合作交流作为我国高等教育的第五项职能以来，如何更好地将创新创业教育和对外合作交流结合在一起，成为当下值得研究的课题方向。分析当前我国对外合作交流项目的发展现状与存在问题，并在此基础之上，提出相应的拓展和推进创新创业教育对外合作交流项目的路径及建议，并以华侨大学建筑学院创新创业教育对外合作交流项目为例作具体分析。

关键词： 创新创业教育；对外合作交流；路径研究

一、从大环境下看全国各地高校对外合作交流建设存在的问题

自改革开放以来，我国在经济建设方面的成就突飞猛进，需要有与之相配套的政治、文化、教育的相应发展，特别是在教育领域，高素质、高标准人才为国家和社会所亟需，与他国进行教育理念交流学习更是新兴合作方式。在此背景下，老师组团出国考察、学生公费出国留学、外国学生来华学习，都成为对外合作交流的重要形式。自2013年习近平总书记提出"一带一路"合作倡议，如何在新的现实条件下加强同沿线国家的文化教育交流，教育部在2016年9月发布《推进共建"一带一路"教育行动》红头文件，指出"一带一路"沿线国家教育加强合作、共同行动，既是共建"一带一路"的重要组成部分，又为共建"一带一路"提供人才支撑。中国愿与沿线国家一道，扩大人文交流，加强人才培养，共同开创教育美好明天。为了更好地加强我国对外合作交流项目的建设，需要厘清当前我国在此方面存在的一些问题。

（一）各地政府对高等教育对外合作交流的重视程度参差不齐

中国幅员辽阔，人口众多，由于受到地理位置、资源禀赋、社会历史等因素的影响，全国各地的经济发展水平不同、对外开放程度不同、高校设立层次不同，因此造成了各地政府对高等教育对外合作交流的重视程度不同，现从几大区域做大致分析。一是北上广发达地区的高校。北京作为我国的首都，一直是政治文化中心，清华大学、北京大学等许多高校都坐落于北京，因此，北京成为全国高校分布最集中的地区，同时也是我国教育最发达的地区之一。自高等教育对外合作交流开展以来，教育部就相当重视，投入的时间、物力、财力和精力都是最多的，因此北京地区的对外合作交流一直发展得很不错，是其他各地区学习借鉴的榜样。上海作为一座饱经沧桑的城市，是近现代以来中外文化碰撞的聚集地，从抗战时期的各国租界领事馆驻地到改革开放的先锋，一直承载着对外合作交流的重任，在经济和人才方面能够提供有力的支持，每年也能吸引众多的外国留学生来华求学。广东作为经济大省，在高校建设方面虽不能与北京上海相比，但也有其独特的优势。暨南大学是中国两所著名的侨校之一，自1960年创办以来，每年都接收大量港澳台学生和外国留学生；"一带一路"倡议的提出，也吸引了更多沿线国家学生来此交流学习。二是沿海地区的高校。沿海地区省市较多，其中发展较好的是江苏、浙江、福建等地，经济上的良好发展就意味着能够有更多的物力、财力、人力投入到教育的发展上，支持老师学生们外出交流学习，吸引海外学生来华学习，具有不可否认的优势，因此沿海地区的各省市高等教育对外合作交流的建设与发展态势均较好。三是内陆地区的高校。以中部六省为例，除了湖北省武汉市是中部地区高校集中地之外，其他省市高校相对分散或者数量较少，由于地理位置和经济发展的限制，加上庞大的人口数量，怎样解决扩招后本地学生的就业质量和素质培养问题，已经消耗了大量的教育资金，没有额外的条件再去吸引海外留学生；加之当地政府的不重视，中部地区的对外合作交流发展一直不是太快，外国学生占高校总人数的比例一直很低。四是西部地区的高校。西部地区由于特殊的地理环境、恶劣的环境气候、落后的经济发展，尽管国家投入大量资金支持西部地区的崛起，但资金更多的是用于完善基础设施建设和引进人才；而且这里高校数量本身就很少，也没有特别突出的，加之对外合作交流建设的缓慢，很难吸引海外留学生来此交流学习。

（二）高校对外合作交流建设机制不完善，经费投入有待增加

我国各地高校在对外合作交流建设方面还不完善，地方高校教育的发展是一个长期缓慢的过程，大政方针上要紧跟教育部相关教育政策，具体实施要与本校实

际情况相结合。在对外合作交流管理方面,许多高校都采取传统的管理制度和管理模式,校级职能部门和各院级单位没有特别明确的职能分工体系,这样在实际工作中就容易造成职能交叉或者重复烦琐的现象,特别是一些海外留学生数量较少的学校,甚至都没有专门的对外合作交流的部门。因此就会存在一些高校的对外交流处在被动局面、敷衍了事的现象,缺乏同他国高校进行友好合作交流的主动性,同时未树立国际化办学理念。各高校的对外合作交流部门之间也缺乏合作联系,往往都是以教育部下达文件为准则,彼此间很少有沟通,造成信息的不互通,也没有相互交流学习借鉴的机会。

在教育建设经费的投入方面,马克思曾说过"经济基础决定上层建筑",任何一个对外合作交流项目的开展都需要财力、物力、人力的支持。一个项目活动从策划到具体实施、参与人员、举办场地、邀请嘉宾等都需要资金的投入。同样,高校要想提升办学的国际化水平,就必须多多引进外籍专家和教师,并派遣教师和学生出国(境)交流,开展中外合作办学模式等等,这些都要以大量的经费作为必要的基础支持。就目前的实际情况来看,许多地方高校的教育经费都是由当地政府直接拨款,数额稳定,来源单一,教育经费大多花在完善基础设施、引进教师人才和学生的教学实践上,而对于国际化学术研讨交流、人才合作交流的资金投入相对较少,因此造成了如今大多高校在对外合作交流建设方面的机制不健全、体系不完整、国际化水平不高等现象。

(三) 学生们的理解不全面,缺乏参与对外交流项目的积极性

高校对外合作交流项目的开展,一套完整的流程体系应当包括政府的高度重视与支持,高校健全的对外合作交流体制机制和完善的管理制度,以及学生的信息畅通、全面知晓。"基础不牢,地动山摇",从上述两个方面的分析可以看出,高校自身对外合作交流项目的建设尚未成熟,也就不可能为学生提供广阔的信息渠道和平台让他们去了解对外合作交流的具体含义,更加缺乏参与对外交流合作项目的机会。长期以来,在校学生要想前往他国学校进行交流学习,似乎只有通过出国留学的方式才能实现,这是在学生们心中根深蒂固的错误认知。还有的学生会认为自己又没打算出国,对外合作交流的事情与自己无关,只需完成好自己的事情就好。这其实就是高校本身的宣讲不到位,拘泥于传统的培养模式,只要求学生注重书本上的理论学习,而没有让他们认识到对外合作交流可以带来的实践经验和不同的学习视角,不能以开放积极的态度对待对外合作与交流;教师在日常授课中侧重于理论知识的讲授,没有培养学生的自主能力和创新能力,缺乏国际化视野来引

导学生;学生自身目光不长远,觉得海外留学生来华学习,自己跟他们不熟悉,私底下也不会进行合作交流,更没有兴趣去了解其他国家的教学模式。长此以往就会导致学生们对于对外合作交流项目缺乏参与的热情和积极性,即使学校举行了相关的活动,但除非必要,很多学生都会选择不关注、不参与,更不用说主动为某一项目的开展建言献策,这在一定程度上迟滞了许多高校内对外合作交流项目的建设与发展。

二、拓展及推进各大高校创新创业教育对外合作交流的路径

随着我国对外开放的拓展和高等教育的发展以及教育部明确将国际合作交流作为我国高等教育的第五项职能以来,针对当前各高校在对外合作交流建设方面所面临的困境,如何寻找突破的路径和将当下学生的创新创业教育同对外合作交流有机融合在一起,在推进高校对外合作交流建设的同时,也能提升本校学生自主创新的能力和实践能力,成为备受关注的话题。

(一)加大教育领域的对外开放力度,实现跨境教育合作

十九大报告中指出:"开放带来进步,封闭必然落后。中国开放的大门不会关闭,只会越开越大。要以'一带一路'建设为重点,坚持引进来和走出去并重,遵循共商共建共享原则,加强创新能力开放合作,形成陆海内外联动、东西双向互济的开放格局。"与此相应,在教育领域也应该加大对外开放力度。我国改革开放刚刚经历四十年的风雨,在对外合作交流办学中的经验尚且不足,很多高校与国外高校的对接还处于摸索试验阶段。对此,首先要开拓更广阔的合作领域,寻找更多的合作形式。我国高校要更加大胆地引进吸收国外有益的教育经验和教学模式,引进优秀的教育资源,聘请优秀的外籍教师来华授课、交流。高校要切实结合学校、学科和专业的实际需要有的放矢地筛选和聘用外籍专家、学者,所聘请的国外专家要在提升学校整体实力、促进学科和专业发展方面起到积极的作用。了解他国高校的学习特点,并结合自身学校特色品牌专业同相同专业领域的国外高校展开合作,如实评估与国外高校联合办学的可能性,建立学校间的合作关系,实现共赢模式。同时不断增加我国各地区的对外合作交流的机会,增大与国外高校合作交流对接高校的数量,从而打造分布更广泛、合作更深入、多层次、宽领域的国际高校合作交流格局。同时加大我国高校对外开放的力度,与国外高校的联系不能仅仅停留在友好交流的基础上,而是要进行深层次的联合办学,实现跨境教育合作,积极尝试建立独立的联合办学学院,使国内国外学生在一起学习交流,实现双向教师教学模

式,让学生接受不同教育理念的洗礼,更有助于他们找到适合自己的方式。对于不同国家、不同语种的高校一同对待,合作交流要全面,这样既有利于扩大对外合作交流的范围,同时也有利于宣传我国的教育理念和教育方法,提升学校在国际上的知名度,增强各高校的实力和教育的发展、人才的培养。

(二)高校要树立国际化的教育理念,加大资金的投入

各地高校要树立国际化的教学理念,健全对外合作交流管理机制,加大对外合作交流的资金的投入,提升高校综合办学实力和国际知名度。首先高校可以依据本校的专业特色和办学实际,逐步扩大对外国留学生的招生规模,实现学生来源构成的多元化。开放、包容的国际化办学理念,是提升本校的有利因素,同时也是吸引国外留学生的最佳筹码,国内学生和国外留学生最大的差异就在于从小所接受的教育、风俗习惯、人文道德等方面的不同,如果没有开放、包容的风气,一个高校很难开展本校的对外合作交流项目,更不必说通过对外合作来提升本校学生的自主创新意识、自主创业能力了。其次高校应制定相应的政策,完善留学生在华的规章管理制度。"没有规矩,不成方圆",我们是本着合作交流共享的态度来招收国外留学生,并不意味着来华学生享有特权,不受约束。为了高校更好地开展留学生的教学事务,提升留学生的培养质量,就必须建立健全关于留学生的管理规章制度,加强对负责对外合作交流教师的培训,使他们在处理留学生事务时了解全面,按规办事,有理有据。

同时,要加大资金方面的投入,更好地推动对外合作交流建设的发展。这样做,一是有助于学校基础设施建设的完善,在了解来华留学生学习和生活上的需求,并且学校在实力允许的情况下,给他们提供一个良好的学习情况和学习生活环境。二是充足的资金可以为本校师生通过各种形式外出交流、访学提供坚实的物质基础。老师们可以借此机会了解到国外最新的学科发展动向,及时更新理论知识,给学生带来新颖的学术观点;学生自身也可以通过参与对外合作交流项目,到其他国家和地区看一看,了解国外高校中本专业的学习情况和学习特点,激发学生学习热情,锻炼他们的实践能力。三是增加活动举办的机会。资金上的充裕,可以为高校举办各类比赛、各种学术活动以及各种外出社会实践提供重要保障。学术会议和活动的举办,能够让学生感受国外专家的理论观点;比赛的举办能够促进国内外学生的交流,使学生思考当下和自身的不足,提升他们的自主创新能力和动手实践能力,并激发他们独立自主创业的热情。

(三) 学生要树立自主创新意识,积极参与对外合作交流项目

2017年《国家教育事业发展"十三五"规划》明确提出:"鼓励高等学校和职业学校建设学生创新创业服务平台,完善创新创业教育课程体系和管理制度,引导鼓励学生积极参与创新活动和创业实践,强化毕业论文、毕业设计的创新创业导向,开展创新创业竞赛,营造创新创业校园文化。"将创新创业教育与对外合作交流实践相结合,是在新时期对学生培育改革的新型探索。上述分析中指出对外合作交流项目的开展,有助于开阔学生的眼界,增长他们的阅历知识,促进学生更好更迅速地成长,为毕业后的就业打下良好基础。因此,教师在日常授课中要注重理论与实践相结合,在传授基础理论的同时,要培养学生的自主创新意识,鼓励学生自主创业,绽放人生光彩。学生自身在完成日常课业的基础之上,要积极主动地去了解一些学校最新动向,树立自主创新的意识。"创新是一个民族进步的灵魂,是一个国家兴旺发达的不竭动力",那么创新对于个人来说更是永葆自身实力的重要基石。在学校举办或者参与对外合作交流项目时,作为学生,要积极主动了解该项目,参与其中,在锻炼和提升自身能力的同时也能为学校增光增彩,而不是以一种"事不关己高高挂起"的态度冷漠对待。

三、华侨大学建筑学院创新创业教育对外合作交流建设的具体实践

华侨大学作为我国两所著名的侨校之一,泉州和厦门两个校区均处于沿海地带,当地经济发展水平尚可,因此在对外合作交流建设中处于有利地位。现以建筑学院在创新创业教育对外合作交流项目的建设为例,具体分析该院的做法。

本项目改革内容的核心是培养学生建筑设计创新能力,将专业艺术的美学激情与科技的严谨思辨有机融合。立足国际化趋势,利用侨校面向海内外的多元文化特色和独特资源,通过五个子项目互为支撑和补足,贯彻理论与实践相结合的培育理念,构建新型人才培养模式(图1)。一是海峡两岸青年学子光明之城实体建构体验营。其联合福建省台办、中国建筑学会建筑教育评估分会和中国台湾建筑师公会共同指导海峡两岸青年创意设计实践活动,通过开展实体建构竞赛、"人·社会·环境"实践教育论坛、两岸学子联欢会等活动推进中华文化的传承和发展,探索建筑师的实践之路。二是国际五校研究生联合设计工作营。由华侨大学建筑学院联合清华大学、中国科学院大学、重庆大学、早稻田大学共五所国内外顶尖高校进行联合教学课题设计探索,将创新创业教育与实践教学模式相结合。三是海峡两岸建筑类院校联合毕业设计工作营。开展了公益创业活动策划,寻找城市价

值专业实践游学，创新创业沙龙，匠人青年厦门论坛，乡村振兴工作营等实践活动。四是党建引领＋创新创业政校企五大发展平台合作新模式。通过党建引领，加强校企合作，着力打造"五大发展平台"：党建引领平台、学术交流平台、实践应用平台、资源共享平台和研发转化平台，进一步加强党建和创新创业工作。五是创新创业＋"人·社会·环境"系列国际人居论坛系列活动。邀请国际设计大师、院士大师召开学术讲座、主题演讲以及召开以城市建筑为主题的圆桌对话，开展建筑学院创新创业教育对外合作交流项目，首先，拓展了学生对外学习、交流、合作的平台，培养了学生对外交流与合作意识，探索了新型大学生创新培养模式，提高了大学生培育质量。其次，增加和拓宽了学院对外交流渠道，促进了我院与国（境）外著名高校和科研机构的学术交流，提升了教师与学生的对外交流与合作能力。创新创业教育对外合作交流项目既是对当前国家教学改革执行的一种探索，也是对我校"汇通中外 并育德才"校训的实践和落实。将教学改革在具体的对外交流实践项目中落实，是新时代大学生创新创业教育的必然选择。

  高校对外合作交流项目的开展有利于促进创新型人才培养观念的转变。我们在对外合作交流过程中可以发现国外的教育比较重视实用性和实践性。我国正处于发展的关键时期，迎来了前所未有的机遇，正是人才紧缺的时候，通过对外合作交流，能够拓宽与国外高校的合作渠道，利用适合我国教育教学现状的教育理念和教育资源，培育新型当代大学生人才。高校育人理念的变革，将创新创业教育与对外合作交流相结合，有助于培养具有国际化理念的创新型人才。

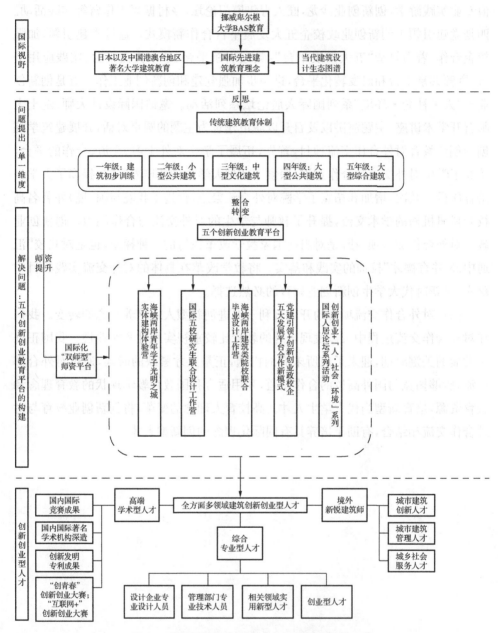

图1 对外交流项目构建五个创新创业教育平台

参考文献：

[1]习近平.决胜全面建成小康社会夺取新时代中国特色社会主义伟大胜利——在中国共产党第十九次全国代表大会上的报告[M].北京：人民出版

社,2017.

[2] 汪婷.安徽高校推进对外合作交流的国际化路径研究[J].南方企业家,2018(2):232-235.

[3] 周定财.高等教育国际化背景下高校对外交流与合作的反思[J].当代教育科学,2015(5):37-40,43.

[4] 潘倩.浅谈高校国际交流与合作[J].才智,2017(7):118.

[5] 李贝.教育对外开放新时期高校国际合作与交流工作探析[J].教育教学论坛,2018(4):78-79.

[6] 刘小祥,朱传雪.提升高校对外交流项目效果的途径探讨：以安徽财经大学为例[J].中国商论,2017(2):177-178.

[7] 任书斌,王新强.茫然中的中国建筑教育[J].南方建筑,2003(2):46-47.

[8] 顾常扬.高校国际交流与合作之学生交流篇[J].教育教学论坛,2014(50):279-280.

[9] 叶如棠.深化建筑教育改革 培养新世纪建筑师[J].中外建筑,1997(6):4-6.

本文系"十三五"教育科学规划本科高校教改专项"建筑学院创新创业教育对外合作交流项目拓展及推进路径研究"(项目批准号:FBJG20180025);2018年福建省中青年教师教育科研项目立项"利用'乡村振兴行动'促进大学生社会主义核心价值观认同教育研究"(项目批准号:JAS180799);2019年华侨大学创新创业教育改革立项项目(C类23号)"建筑设计未来院所长创新创业训练营课程体系构建"。

Research on the expansion and promotion of foreign cooperation and exchange projects in the innovation and entrepreneurship of the School of Architecture

Abstract: In recent years, colleges and universities across the country have paid more attention to the cultivation of students' innovation and entrepreneurship education on the basis of professional theory teaching, aiming to create more talents with basic entrepreneurial qualities and pioneering personality. Since the Ministry of Education has clearly defined international cooperation and exchange as the fifth function of higher education in China, how to better integrate innovation and entrepreneurship education with foreign cooperation and exchange has become the subject of research that is worth studying. Analyze the current development status and existing problems of foreign cooperation and exchange projects in China, and on this basis, propose corresponding paths and suggestions for expanding and promoting the foreign cooperation and exchange projects of innovation and entrepreneurship education, and cooperate with the Innovation and Entrepreneurship Education of Huaqiao University School of Architecture. The communication project is taken as an example for specific analysis.

Keywords: Innovation and entrepreneurship education; Foreign cooperation and exchange; Path research

新时代乡村建设型人才培养模式研究

摘要: 党的十九大报告指出,中国特色社会主义进入新时代,在此大背景下,乡村建设型人才的培养能够有力地响应国家提出的乡村振兴战略,为乡村振兴提供人才资源。本文对乡村建设型人才的含义进行界定,对其培育的重要性进行分析;在此基础上对乡村建设型人才的现状进行探究,从取得的成效和存在的问题入手,结合华侨大学建筑学院的实践经验对构建新时代乡村建设型人才的培养模式进行研究。

关键词: 新时代;乡村建设型人才;培养模式

党的十九大明确提出,中国特色社会主义进入新时代,立足新时代这个历史关键期,乡村建设需有新发展新进程。乡村是充满希望的田野,是干事创业的广阔舞台,其建设属于国家建设的重点,乡村现代化的实现是实现中国现代化的重要条件。乡村建设的关键在于人才,人才是第一资源,乡村建设型人才的培育为乡村建设创造前提条件,其智慧、才能的发挥及投身乡村建设的实际行动为"三农"事业能够更好更快发展创造基础,为早日实现乡村振兴贡献力量。

一、乡村建设型人才内涵及其培育的重要性

(一) 乡村建设型人才含义

乡村建设型人才,顾名思义,指的是通过各种教学及教育活动,培养出精通科学技术、富有管理及规划能力、推动乡村各项事业进步和发展、勇于担当起乡村振兴重任的人才;其不仅是党三农政策的贯彻者,更是美丽乡村的建设者;为乡村事业发展提供服务,贡献智慧和力量,起到示范带动作用;是新农村建设的主力军,是我国人才队伍的必不可缺的组成部分。

(二) 在新时代的大背景下培育乡村建设型人才的重要性

人才是实现乡村振兴及其长远发展的战略资源,因此是必深刻贯彻"科教兴

国""人才强国"的战略要求,大力培育"乡村建设型人才",为实现乡村振兴提供动力和保障。党的十九大明确提出,中国特色社会主义进入新时代,新时代新视野,新时代新机遇,在此背景下,乡村建设型人才的培养具有重大意义。乡村建设型人才的培育为践行党关于乡村建设的伟大号召提供了人才机遇,使其更好地为"三农"服务;其智慧和能力的充分发挥能够有效促进乡村各方面的建设和发展,实现乡村新面貌;为乡村发展提出独特的乡村方案,并调动村民的积极性、主动性、创造性,投身乡村建设,促进乡村建设取得进步及新发展;将创新协调绿色开放共享的发展理念渗透于工作的各个方面,为乡村的可持续发展提供支撑;有助于落实国家新型城镇化战略,建设美丽乡村,克服扶贫脱贫困难进而全面打赢脱贫攻坚战,推进乡村振兴新进程。

二、乡村建设型人才的现状

(一) 建设型人才在乡村建设中取得的成效

建筑是关系经济与民生的重要产业,基层人才培养是支撑产业、行业发展的基石。近年来,随着社会建设的发展,国家政策的支持,建筑专业招录取学生人数逐年递增,教师资源配置趋于合理,教学体系日益完善,培养方案贴合实际需求。与此同时,建筑学子积极响应党的号召,到乡村去,用实际行动推动乡村建设、助力乡村振兴。

(二) 建设型人才在乡村建设中存在的现实问题

1. 重理论轻实践

在传统的教学模式下,我国高校人才培养普遍存在着一个重大问题就是:重视理论的教学与考核,轻视甚至忽略学生实践能力的锻炼与养成。这不仅对学生的全面发展造成了阻碍,还违背了我国高等教育的核心思想。在课程设置上,理论课程远高于实践课程;在教学中,理论教学与实践教学不能有效结合。教师在重视理论知识的传授同时忽视实践教学,这引起了一系列的问题,如:学生在实践环节中只身摸索,没有专业教师实地指导,缺乏师生之间的交流与互动;在考核方式上,理论笔试为主,这就易造成学生重视理论学习,而忽视实践能力的锻炼,由此产生培养的人才与社会不适应、与社会发展所需人才不相符的问题。

2. 学科融合度不高

乡村与城市相比,虽较小,但存在的现实建设问题也具有多样性及复杂性。建筑人才的教学培养应具有广泛性,不仅包括专业知识的学习,还应涉及环境、资源、乡村文化等多学科领域的学习。但在实际的教育过程中,我国高校普遍遵循从学科逻辑出发来设置课程体系,在课程设置及相关教学中,以单一学科建制为主要特征,各类学科之间缺乏联系,学科之间交融度较低。这就容易引起学生知识结构单一、视野狭窄、考虑问题不周等问题,阻碍学生全面发展,不利于学生的成长成才。

3. 人才素质有待提高

受中国传统的应试教育的影响,高等教育同样也存在着重视学生的学习而忽视学生各方面能力及人文素质的培养,这造成了厚基础低素质弱能力的情况的出现,如:能够掌握基础专业知识,但对乡村建设的积极性主动性不高,知识运用、技术操作、沟通及创新能力等较弱。乡村建设型人才的培养在传统的教学模式下类似的问题不可避免,如:学生对乡村认知出现偏差,城市优于乡村的思想根深蒂固,这一系列的问题都对乡村建设形成了阻碍,不利于乡村振兴政策的深刻贯彻,不利于新时代乡村的新发展和进步。

三、构建新时代乡村建设型人才培养模式

(一) 探索理论与实践相结合的教学模式

立足新时代,乡村建设人才的培养应更加重视理论与实际相结合,使其能够用所学专业理论知识思考实际问题、解决实际问题。首先,教师在教学过程中,要将乡村实际情况渗透到建设学科教学中,在重视理论知识传授的同时,也要将实践放到重要位置,在教学中渗透实践意识,鼓励学生大胆将理论和实践相结合,强化实验和实践教学,关注学生实验过程并予以专业指导,强化实践过程,重视实践方法,帮助学生实现理论和技能方面的创新。其次,校方、院方及班级应积极开展实习动员活动,通过展示历年来实习的重要成果,优秀实习团队进行宣讲等活动,激发学生对乡村建设的兴趣,促使学生充分疑聚其乡村情怀的力量,提高学生参与乡村建设的积极性、主动性及创造性,根据乡村的实际情况及特点,设计具有乡村特色的建设方案,为乡村建设新发展新未来而献力。最后,学校各方面应把实践教学和社会参与作为教育载体,与乡村共建一批共享型乡村建设实习基地,为学生提供实践空间和展示自我的舞台,鼓励学生积极参与乡村建设社会服务,在实际的乡村建设活动中,积极地将所学理论知识与乡村实况结合,以建设者的身份为乡村建设出谋划策,并在此参与过程中虚心向优秀的乡村建设者学习,学习其建设方法、智慧及经验,提升业务素质,促进自身的学习能力、应用能力、沟通能力、适应能力、规划和发展能力的提高,不断完善自我,实现自我新飞跃,增强共建美丽乡村的合力,从而

更好地服务于乡村建设,推动乡村建设取得更进一步的发展。

（二）加强学科融合度

在现今的乡村建设实践中,各类乡村项目的实施及各种乡村工程建设都是各学科专业知识的大融合、多交叉。例如,在乡村古房修缮中,建设者在深刻贯彻落实创新协调绿色开放共享发展理念的基础上,将当地的风俗文化、历史传统与房屋设计及修缮思路有效融合,更好地为民服务、为乡村建设服务,为美丽乡村的实现而努力奋进。随着社会的不断发展和进步,学科融合度提升更有利于乡村建设型人才的培养,有助于培养出能够更好适应乡村发展、推动乡村进步的新时代建设型人才。建立多学科融合的人才培养模式,就是要突破传统的局限于本学科知识的教学形式,将专业学科知识与其他专业领域的学科知识相融合,使学生能够领悟多领域的知识,激发学生潜能,使其能够从多个角度去思考问题和解决问题。在课程设置中,开设覆盖广泛的学科交叉融合课程,通过教学实施,使学生既能够掌握专业基础知识,又能够理解相关的人文知识及其他专业领域的知识,提高学生的综合素养及综合能力,促进学生的全面发展。在培养创新创造型人才的过程中,应在教学中着重培养学生传递与融合交叉学科知识的意识和能力,完成传统建设型人才培养的转型及升级,避免单一知识体系固定思维模式,为培育新时代建设型人才坚定坚实基础,促进学生多体系多思维的形成,实现向新时代乡村建设型人才培养的飞跃。

（三）提高学生的人文素质

对乡村的认知,主要包括对乡村价值、乡村社会、乡村建设和规划等方面的认识。乡村是人类聚居点的重要组成部分,随着现代化进程的推进,乡村的意义和价值越来越大,因此要加强学校教育和社会宣传,传授及传播有关乡村的知识和信息,展示优秀的乡村建设的典型事例,举行优秀的下乡实习队伍的报告会,使学生对乡村有进一步的了解,激发学生对乡村建设的兴趣。乡村社会与城市社会不同,它的社会组织方式主要是以血缘、家族为特征,因此对乡村社会的认识应更加深刻,要追踪其历史渊源、发展的内在规律,多角度思考,不拘泥于表面。乡村规划和建设要充分体现乡村特色、乡土文化;同时,深刻贯彻国家可持续发展战略,将落后乡村建设成生态良好、生态宜居的美丽乡村,为早日实现乡村振兴而奋进。

以服务乡村为宗旨,通过基地化、协同化的教学模式,学校大力与乡村共商议达共识,成立乡村教学基地,以基地形式紧密根植乡村,走多元协同发展之路,实现复合型建设型人才的培养。通过基地实践、乡村调研,使学生更好地了解乡村,对乡村发展的各个方面有深刻理解，激发青年学子的爱乡情和为乡情，为乡村建设奉献智慧及才能。

实现中华民族伟大复兴的中国梦是中国人民的追求，也是青年一代的梦想，青年在社会发展中发挥着不可替代的作用。步入新时代的新征程，除了学校专业教育，更要大力提倡，鼓励学生积极参与专业实验练习、社团实践活动、进村实地调研等贴近大学生生活、贴近实际的实践锻炼，增强其乡村建设及发展作贡献的使命感、责任感，为乡村建设书写青春之歌。国家、社会、学校应通过媒体、报刊等显而易见的形式大力赞扬建设国家的先进人物，积极宣传其先进事迹，在潜移默化中感化青年学子，激发其爱国情怀和为民为国奉献之情。青年一代有理想、有本领、有担当，国家就有前途，民族就有希望。作为新时代的建设者，尤其是乡村建设者更要树立正确的理想，以坚定的理想信念支撑自己；在学习、生活及实践中不断修炼自己，锤炼过硬本领，提高综合能力，如随机应变能力、换位思考能力、与民沟通能力、学习思考能力、乡村建设能力等；敢于担当，勇于承担起乡村建设的重任，一步一个脚印，踏实地为新时代乡村建设而努力，为乡村振兴的早日实现付出青春、贡献力量。

四、华侨大学乡村建设人才培养实践

(一) 华侨大学乡村建设人才培养实践活动

华侨大学建筑学院积极响应国家乡村振兴战略，教师秉承"理论与实践同行"教学理念，在日常教学工作中加强理论教学的同时，鼓励学生勇于实践敢于创新，关注学生有关学科实践活动，在学生自主创新的基础上提供指导；学院积极与乡村合作，共建教育基地，为学生实践活动的展开提供平台和机遇，促进学生的理论灵活运用水平和实践能力的提高。

培养乡村建设人才的具体实践活动有很多，例如华侨大学光明之城红色筑梦城乡修补志愿服务团积极响应"十三五"脱贫攻坚规划对社会专业人才的号召，鼓励建筑学子充分利用专业基础知识和技能去支持乡村建设项目，依托"城市双修"和"乡村振兴"等政策，以"筑梦红色乡村，服务城乡修补"为理念，以"建筑设计"为媒，通过"乡村古建筑修缮""乡村规划设计""社区营造工作营""历史街区更新与保护"四个活动品牌，全方位促进乡村产业发展，从历史街区到红色老区、贫困村落，帮助旧区居民修缮老旧建筑，提高生活质量，改善城乡功能，发掘和保护城乡历史文化。还成立了教育基地，如华侨大学建筑学院与漳州角美鸿渐村合作，共建乡村振兴实践基地,这一基地的成立为华大建筑学院港澳台侨学生"百村千人行"实践团队赴侨乡故里福建漳州市角美鸿渐村考察,了解侨村历史,体验侨乡文化,服务乡村振兴提供平台,践行团队的"弘扬福建精神,服务乡村振兴"主题,为乡村振兴提供新方式和新兴力量。除此之外,华侨大学也积极开展有关乡村建设的社团活动,学生踊跃报名参加,在参与过程中体验乡村文明建设成果,感受乡村文化,鼓励学生在学习和实践中将文化与建设完美结合,为特色乡村的建设出谋划策。

（二）华侨大学乡村建设人才培养的思考

立足新时代,深刻贯彻落实党的十九大精神和全国教育大会精神,落实国务院提出的关于乡村振兴和农业农村优先发展的系统部署,华侨大学建筑学院围绕如何培养出高素质强能力、深度参与和主动服务乡村的建筑人才展开思考。

第一,加强完善教师队伍,为教师教学提供充分且优秀的教学资源,为教师的理论研究提供保障,激发教师为乡村振兴提供有力的理论支撑;第二,教师在教学过程中,传授基本理论的同时,向学生展示乡村建设的实例,潜移默化地向学生传授一些乡村建设经验,激发学生的思考;第三,学院与乡村共建实践基地的同时,一方面,教师引导和鼓励学生积极参与其中,另一方面,学校相关社团加强宣传,优秀乡建团队进行宣讲报告,激发学生的兴趣、积极性和主动性,造就一支"一懂两爱"的乡村振兴人才队伍;第四,加强建筑学子对乡村振兴战略深入理解,使其感受到乡村、田园的魅力,坚定理想信念,增强为民为乡服务的社会责任感和积极性,在党和政策的支持下投身乡村建设,更好地带动乡村文明的发展,带动乡村同现代化社会接轨;第五,提升学生的能力建设,通过对乡村的实地考察、学习和实践活动的展开,了解乡村的历史传统及特色文化的同时,建筑学子将学科理论知识和能力融入其中,收获了专业实践经验,提高了实践及多方思考的能力。

五、结语

青年是整个社会力量中最积极、最有生气的力量,国家的希望在青年,民族的未来在青年。如今,中国特色社会主义进入新时代,这是中国青年处在中华民族发展的最好时期,培养勇于为社会建设付出的新一代人才,培养主动投身乡村建设的人才,是这个时期教育的重要任务及目标。青年们也应当孜孜不倦地学习,掌握科学文化知识和专业技能,提升人文素养,在学习及实践中不断增长知识,练就本领,增长才干,用智慧才干服务乡村建设,用创新创造贡献乡村,推动乡村振兴早日实现,为国家富强的实现贡献力量。

提升高校思政课实践教学实效性的路径探索
——以华侨大学"寻找城市价值"建筑游学教育实践活动为例

摘要：在高校思想政治理论课的实践教学中，实效性的缺失一直以来是各大高校思政课程改革亟待解决的重要问题。长期以来，高校思政课在实践教学中面临流于形式、规范难度大、教学效果不理想、评价体系不健全等现实困境。华侨大学建筑学院对思政课实践教学模式进行创新探索，以学科专业学习为基础，在"寻找城市价值"建筑游学教育实践活动中融入爱国主义教育、创新创业教育及优秀传统文化，探索高校思政课实践教学的优化方式，提升学生对马克思主义理论课程的感悟能力，从而探索提升高校思政课实践教学实效性的路径，以更好实现思政课与大学生全面发展的优化效果。

关键词：高校思政课；实践教学；建筑游学；实效性；路径探索

习近平总书记在全国高校思想政治工作会议上指出："要用好课堂教学这个主渠道，思想政治理论课要坚持在改进中加强，提升思想政治教育亲和力和针对性，满足学生成长发展需求和期待，其他各门课都要守好一段渠、种好责任田，使各类课程与思想政治理论课同向同行，形成协同效应。"[1]378实践教学作为实践育人的主要模式之一，是提高高校思政课程教学效果的有力抓手，也是提升大学生思想道德修养的重要途径。近年来，随着高校教学改革的不断深入，思政课实践教学正积极展开，为加强人才培育发挥重要作用，但在其推行过程中也出现了一系列问题。本文拟分析当前思政课教学模式遇到的困境，探索思政课实践教学模式，加强高校学生综合素质和坚守主流意识形态，以达到引导学生坚定理想信念、传承优秀文化、树立正确的世界观、人生观和价值观的教学目的，为推进全面建设社会主义现代化国家新征程，取得决胜全面建成小康社会的胜利，为新时代中国特色社会主义的发展助力。

一、思政课实践教学的现实困境

实践教学是教学改革理论内化的重要环节,是思政教学体系的重要组成部分。近年来高校在不断推动思政课程理论教学改革的过程中,也将实践教学作为重要的教学改革内容,并对此进行积极探索。但是在实际运行中,依然存在一系列问题。

(一) 实践教学流于形式

《教育部关于印发〈高等学校思想政治理论课建设标准〉的通知》中明确提出"实践教学纳入教学计划,统筹思想政治理论课各门课的实践教学、落实学分(本科2学分,专科1学分)、教学内容、指导教师和专项经费。实践教学覆盖全体学生,建立相对稳定的校外实践教学基地"[2],对高校思政课实践教学的开展作出了具体规定。但就目前各高校的落实情况而言,实践教学工作大有流于形式之嫌,在落实方面难以得到保证。一方面,教师对实践教学的理解存在偏差,认识不到位,将实践教学与社会实践、课外学习混为一谈。教师对开展实践教学活动理解不正确,那么在具体指导实践教学环节必定出现偏差,难以落到实处,不少高校对此表现出"走过场"的态度。另一方面,就学生具体情况而言,当前大学生思想活跃,因而易对刻板的教学模式产生反感心理,出现对马克思主义理论课认识不足、态度不端正等问题。当两种状况发生冲突,实践教学最终将流于形式。

(二) 实践教学规范难度大

中共中央、国务院《关于进一步加强和改进大学生思想政治教育意见》(中发〔2004〕16号文)中对实践教学的开展和组织提出了明确的要求,为高校实践教学开展提供了指南,但是在实施过程中,实践教学的规范性仍有待于加强。多数高校在思政课教学计划体系中虽然已经纳入了实践教学的内容、环节和教学方式,但在实施过程中,由于没有规范的教学大纲,教师在组织实践教学环节大多仍是依据教师个人水平随性发挥,实践教学的教学效果难以得到保障,课程教学大纲和教学体系缺乏对实践教学的清晰规划。对实践教学的课程安排比较笼统,实践教学与社会实践活动没有明确的区分,实践内容和学时学分安排不明确,没有体现实践教学在教学活动中的应有地位,都为实践教学中的规范落实增加了难度。

(三) 实践教学效果不理想

思政课作为宣传马克思主义理论的主要阵地和重要途径,因其学科理论性较强,理论体系关系复杂抽象,具有一定的理论深度和难度。教师在教学开展中依然难以摆脱以教材知识讲解为主,缺乏对相关知识点的综合讲授,也缺少对问题的深入分析以及对现实问题的解答。而当代大学生自我意识强烈、思维活跃、个性鲜明,且近年来受到社会快速发展、市场经济负面效应和西方价值观念的影响,社会责任感、人文道德素质普遍受到冲击,甚至其中部分学生价值观念发生扭曲。学生面临繁重的专业课课程,压力过大,自身更注重专业技能的学习,对马克思主义理论的学习意识薄弱,单一方面的教师主导教学早已无法满足学生对当前高校思政课程的教学需要,长期以来形成了单向教育模式,老师卖力地讲但学生却漫不经心地听,造成"教"与"学"的分离,阻碍了师生之间的交流,无法满足学生的主体性需求,在被动学习的过程中缺乏独立性思考,也极易诱发对思政课的倦怠情绪,严重影响思政课的教学效果。

(四)实践教学评价体系不健全

教学考核评价体系是检验学生学习效果的重要环节,建立科学的考评机制有利于掌握学生的学习情况,寻找教学中存在的问题,进行查缺补漏和分类教学,能够体现教学理念的科学性、合理性。一直以来,传统思政课的考评方式以灌输式教育为基础,以书本为主,并通过试卷检测,更多强调学生对课本知识点的掌握。而实践教学的考核评价则大大不同,更多的是侧重学生在实践教学中的参与度以及在实践活动中的收获。思政课实践教学内容的抽象性、思想的复杂性、进展的阶段性和社会环境的不确定[3],也增加了评价标准体系构建的难度。当前高校对实践教学的考核评价体系还处于探索阶段,与实践教学相对应的教学考核评价也未能确立,导致教师在思政理论课教学考核过程中缺乏依据,无法对学生的实践作出适当合理的评价。对学生而言,考核评价体系的缺失让学生觉得实践教学与课程成绩关联不大,造成参与积极性不高,对实践教学的心得报告也敷衍了事,大大影响了实践教学效果的实现。实践考核必须要有健全的体系和科学的量化标准,确保学生参与实践教学的积极性、真实性和有效性,实现思政课程实践教学的理想效果。

二、"寻找城市价值"建筑游学教育实践活动对思政课实践教学模式的创新探索

华侨大学建筑学院对思政课的实践教学模式进行创新探索,开展了"寻找城市价值"建筑游学教育实践活动。游学是我国古代传统的学习教育方式,也是"读万卷书,行万里路"这句治学良言的积极实践。游学在现代作为实践教学的重要模

式,对突破实践教学中存在的限制条件和瓶颈、提高教学水平、推动教育改革具有重要意义。"建筑游学"是由思政课教师和学科老师组织引导,联合各地企业名师,由学生自主设计游学方案,规划、管理游学行程,形成前期广泛动员布置任务,中期组织规划践行游学行程,后期展示交流、总结推广的活动体系。在活动过程中始终坚持以马克思主义理论为指导,将理论培育和实践教学相结合,在实践中了解理论、感知理论、认同理论、践行理论,实现第一课堂和第二课堂、理论教学和实践教学的良性互动、相互支持。在实践教学中让学生领会马克思主义理论蓬勃的生命力正是来源于其与时俱进的本质。

(一)拓展延伸学科专业内容

建筑游学以建筑学院学科专业发展为吸引点,激发学生运用专业学科知识的热情,由传统的被动接受转变为主动学习。在游学活动开展之前,学生自觉主动地多方面收集有关资料,结合具体实践展开学习准备工作,将以往课堂中的所学所得在实践中加以运用、检验和深化,将书本中的理论知识与现实实践相结合。在四届建筑游学中,学生先后走访了深圳的大鹏所城、艺象 iD TOWN 国际艺术区、前海深港青年梦工厂,上海城市规划展示馆,复兴、虹口、外滩三大 SOHO,上海西岸艺术中心和 1933 老场坊。在走访城市建筑设计、体验城市建筑风格、感悟城市和建筑的一体化发展过程中,学生得以体会不同建筑的空间划分、立面设计、材质功能以及建筑设计的人文效应、经济效应和实际效用之间的协调运用,大大加深了其对学科专业的实践感知。学生通过对建筑城市现状的再利用、再思考、再想象,学习通过设计重塑人们日常生活,更关心城市、更关心日常生活。在学科专业知识的巩固检验中,更深化了他们对"人·社会·城市"的感悟;在建筑游学实践活动中折射出深厚的人文精神,也培养了建筑学子维护自然环境、担起社会建设重任的意识。

(二)深化爱国主义教育情怀

十九大报告指出:"继承革命文化,发展社会主义先进文化,不忘本来、吸收外来、面向未来,更好构筑中国精神、中国价值、中国力量,为人民提供精神指引。"爱国主义是社会主义思想道德建设的主旋律。爱国主义精神作为长久以来实现中华民族伟大复兴之梦的最有力的共同精神支撑和强大的精神动力,对维系各方华夏儿女各个民族团结统一具有持续深远的影响。[4]"建筑游学"将重温革命历史旧址、走访爱国主义教育基地纳入游学行程。学生在探访深圳大鹏较场尾、大鹏所城爱国教育基地以及上海中共一大会址的过程中,与历史文物、革命遗址近距离直接接触,重温历史发展轨迹,体会往昔峥嵘岁月,从感悟历史英雄的丰功伟绩、优秀品质、坚韧品格中,对历史文化、革命岁月有了进一步的了解,加深了对"爱国主义"的理解和认识,传承红色基因,弘扬不朽革命精神。在体会历史长河中中华民族的艰辛历程后,学生更能感悟今日的美好生活,以高昂向上的激情投入未来。建筑游学坚持以爱国主义教育为重点,把爱国主义教育与高校思政课的实践教学相结合,引导大学生在思想政治教育实践中、在社会生活实践中汲取营养,深入进行民族精神教育,增强民族自尊心、自信心、自豪感,做到热爱祖国、贡献力量建设社会主义祖国。

(三)拓展创新创业教育

提高人才质量,创新驱动发展,是社会进步、民族振兴的必然要求。"中国特色社会主义特就特在其道路、理论体系、制度上,特就特在其实现路径、行动指南、根本保障的内在联系上,特就特在这三者统一于中国特色社会主义伟大实践上"[1]24。在中国经济高速发展、"大众创业、万众创新"的时代背景下,在人才培养的教学实践中,创新成为新时代发展的重要抓手。推动创新创业教育意识的培育和实现,是高校思想政治教育的基本原则之一。创新创业作为大学生进入社会前必然面临的重要课题,为培育学生的创新素质人才计划的实施提供了契机,在建筑游学过程中创设了各种有利平台。在建筑游学的实践中,学生们走访深圳万科前海企业公馆、立方建筑设计顾问有限公司,上海筑博设计(集团)有限公司、同济大学建筑设计院、西岸建筑事务所,以及深圳和上海青年创业园区等名企名院,学习了解行业前沿状况,探索就业前景,对企业工作模式近距离亲密感受、实地考察,感受建筑人严谨务实的匠人精神、了解创业文化、切身感受创业精神,激发学生创新创业的活力和热情,鼓励他们大胆创想未来、勇于担当、直面矛盾。在实践中培养学生的实践能力和自主创新意识,培养学生创新创业意识,全面挖掘大学生创新创业潜力。多元的思想政治理论课实践体验贯穿高校创新创业的第二课堂,为大学生创新创业素质能力的提高提供了新的有效的广阔平台。

(四)感悟中国优秀传统文化

文化是民族的血脉,是民族的精神家园。习近平总书记在"七一"重要讲话中强调,要把握好优秀传统文化的继承和发展,把中国优秀传统文化融入高校思想政治教育,深化大学生对中国特色社会主义道路体系理论文化的理解,是奠定道路自信、理论自信、制度自信和文化自信的必要举措。城市是文化内涵的最佳载体,在历史的演进和发展中,在历经岁月的洗礼中,城市成为中华优秀传统的最佳容器。"建筑游学"是坚持以大学生全面发展为目标,深入进行素质教育,促进大学生思想道德素质、科学文化素质和身心健康素质协调发展的特色实践活动。尚处于求知阶段的高校学生,是继承和弘扬中华优秀传统文化的主体,"建筑游学"抓住游学契机,走进深圳大鹏所城、较场尾社区、蛇口双年展,上海城市规划馆以及同济大学,在实践过程中不断挖掘优秀的传统文化,在"双一流"政策指导下学习交流高校对文化自信的培育和建设,将精神力量内化于自身发展,正视自身责任,"成才亦要成人",为培养高素质、高能力的创新型人才打下坚实基础。

三、思政课实践教学在建筑游学实践育人工程中的实效性探索

华侨大学"寻找城市价值"建筑游学教育实践活动是以"实践教育"为中心,以思政课为载体,一改传统思政实践课专题教学模式,注重将专业知识与思政课理念相结合,既是对思政课实践教学模式的创新式发展,也贴合了新时期大学生的发展特点。整个活动以"寻找城市价值"为主题,结合专业素养优势,在寻找城市价值的过程中认同并践行社会主义核心价值观,以发挥对学生的思想政治引领功能,从而实现课堂教育和课外实践的有机互动、实现学生在思政课教学中的知行合一。[5]

（一）革新实践教学理论和观念

马克思说:"理论只要说服人,就能掌握群众;而理论只要彻底,就能说服人。所谓彻底,就是要抓住事物的根本。"[6]实践教学是对传统教学方式的改革,"由于这种形式适应了青年人活泼好动的特征,因而也就极易增加大学生求新求异的积极性,容易触动他们进行深入思考"[7],赋予传统课堂更多的交流互动的教学功能。当前实践教学由于诸多外在因素陷入"流于形式"的泥潭,需要高校正确认识实践教学的本质。"建筑游学"实践教育活动实现了对传统教学实践模式的理念突破,整个实践课程中,教师从领导一线退居至领导二线而转变为指导一线,学生成为整个活动的策划群体占据了主导地位,从前期准备到行程策划、探索实践再到后期汇报总结,学生的自我创造力、执行力、感官体验及成果收获均得到最大可能的放大,在实践教育活动中,教师和学生的教学观念也都实现了质的变化。

（二）强化实践教学的规范管理

当前,在高校思政课课程改革和教学设计的整体设计中,实践教学的作用越来越突出,优化实践教学的实际效应,强化实践教学的规范管理日益关键。教育部通过制定、发布、实施标准加强对实践教学的规范化管理,实现教学的统一化,以获得实践教学的最佳秩序和最大效益。一方面,高校要以思想政治教育教学改革为指导,贯彻全面深化思想政治理论课综合改革,通过规范教学设计,改进教学方法,完善实践教学的保障机制。另一方面,在"建筑游学"活动完善实践教学活动规范制

度的同时,要注重发挥和培育学生自我管理、自我教育、自我监督的组织能力。建筑专业学生在校期间多次组织测绘、写生等社会实践活动,对活动的组织和开展具有一定的积极性和主动性;通过游学前的培训实现了在实践活动中自主组织、自主管理,让学生成为实践教育的主体,进一步促进实践教学的规范化管理。最终,形成制度化、规范化管理和学生自主管理相结合,以保证实践教学的实施和质量。

(三) 丰富实践教学内容

教学资源是教学的重中之重,思政课教学内容是学生对思政课学习掌握的主体。实践教学要发挥理想的作用需要选择贴近现实、贴近生活、贴近学生的教学内容。现实社会生活随着时代变化而变化,在变化中不断引发新的问题,思政课的教学内容也要紧跟社会生活的变化,不断丰富完善,才能为学生所接受、学习和运用。对于建筑学子来说,他们独具对城市的敏锐感官认知能力以及实践调研能力,高校可以利用学生的专业素养优势,以城市为焦点,聚焦红色传承教育、创新创业教育、专业实践教育、就业前景探索、职业规划指导、文化自信教育等当下高校教育的重点问题。在城市中寻找并践行社会主义核心价值观,在教学中融入中国优秀传统文化和党的革命文化教育,将民族性、传统性和时代性相结合,实现马克思主义、传统文化和革命精神的高度契合,引导大学生接受爱国主义教育和优秀传统文化的精髓,实现马克思主义理论自信和中华民族优秀传统文化的自信。

(四) 完善实践教学考评体系

完善的实践教学考评体系是高校思政课实践教学质量效果的基本保证。高校要建立完善的实践教学的教学考评体系,以评促建,逐步实现实践教学的规范化、科学化发展。将实践教学考评纳入课程整体考核体系之中,将"课堂教学"与"实践教学"相结合。在"建筑游学"实践教学评价体系中,实行教师评估、学生自评和参与人员互评模式相结合,主要侧重于对实践教学的内容和质量,组织实施教学过程的效果,以及学生在教学过程中表现出的品德修养、团队精神、综合能力等进行综合评价,注重将结果式评价和过程性评价、定性评价和定量评价、即时评价和延迟评价相结合,制定合理、健全、多维度考虑的评价标准。科学的教学考核评价体系为教师指导实践教学提供了评价参考,也对学生参与实践教学活动的整体表现给予肯定,调动了学生参与实践教学的热情,提高了思政课实践教学的教学效果。

四、小结

时代是思想之母,实践是理论之源。实践需要理论的指导,在实践中理论能得到新的提升和发展,高校思想政治理论课程的有效开展关乎大学生思想素质培育和正确观念的养成,思政课作为重要的一环,要积极树立科学的符合学生发展规律的教学方式。在思政课的实践教学中,改变学校教学中传统的教学模式,因时、因地制宜。针对专业建筑人才的培养,以"建筑游学"形式为载体的实践教学模式,对学生实践感悟能力重点教育和培养,让学生在学习时将理论与实践相结合,在实践中深化对理论的认识和感悟,对促进大学生综合素质的提高和全面发展具有重要的积极意义,也为新时代推动思政课实践教学改革,提升思政课实践教学的实效性,创新高校思政理论教学模式等提供了有益的参考。

参考文献

[1] 习近平.习近平谈治国理政(第二卷)[M].北京:外文出版社,2017:378.

[2] 杨荣.对加强和改进"思想道德修养与法律基础"课程实践教学的思考[J].伊犁师范学院学报(社会科学版),2010(2):117-119.

[3] 王志玲.当前高校思想政治课实践教学存在的问题及对策[J].教育探索,2013(2):117-118.

[4] 管敏.将社会主义核心价值观融入"思想道德修养与法律基础"课教学的思考[J].教育现代化,2017,4(25):143-144,146.

[5] 郭雪花.《思想道德修养与法律基础》课实践教学的几点思考[J].教育教学论坛,2014(1):112-113.

[6] 马克思,恩格斯.马克思恩格斯选集(第1卷)[M].北京:人民出版社,2012:9-10.

[7] 刘淑梅.高校思想政治理论课理论教学与社会实践的教学辩证关系[J].思想政治教育研究,2007(5):95-96.

本文系"十三五"教育科学规划2018年本科高校教改专项"建筑学院创新创业教育对外合作交流项目拓展及推进路径研究"(项目批准号:FBJG20180025);2018年福建省中青年教师教育科研项目"利用'乡村振兴行动'促进大学生社会主义核心价值观认同教育研究"(项目批准号:JAS180799);2019年华侨大学创新创业教育改革立项项目"建筑设计未来院所长创新创业训练营课程体系构建(612-50319023)","新时代乡村建设型人才培养模式研究(612-50319004)"。

Ways to Improve the Practical Teaching Effectiveness of Ideological and Political Courses in Colleges and Universities
——Taking the Practical Activities of Architectural Tourism Education of Overseas Chinese University as an Example

Abstract: In the practical teaching of Ideological and political theory course in Colleges and universities, its effectiveness has always been an important problem to be solved urgently. For a long time, the ideological and political course in Colleges and universities has been confronted with practical difficulties such as formality, difficulty in standardization, unsatisfactory teaching effect and imperfect evaluation system. The College of Architecture of Overseas Chinese University has made innovative exploration on the practical teaching mode of Ideological and political course. Based on the study of discipline and specialty, it integrates patriotism education, innovation and entrepreneurship education and excellent traditional culture inheritance into the practical activities of architectural tourism education of "Seeking City Value". It also explores the optimized mode of practical teaching of Ideological and political course in Colleges and universities. Enhance students' perception of Marxist theory courses, so as to explore ways to improve the effectiveness of practical teaching of Ideological and political courses in Colleges and universities, in order to better achieve the optimization effect of Ideological and political courses and college students' all-round development.

Key words: Ideological and political courses in Colleges and universities; Practical teaching; Architectural tourism; Effectiveness; Path exploration

关于大学生创新创业教育现状及改进措施的研究

摘要：随着高等教育的普及化，大学生就业竞争压力不断增大，就业形势日益严峻，将创新创业教育理念融入大学教育的实践中，不仅符合高校素质教育提出的基本要求，而且也可以提高学生的专业技能，从而改善大学生就业难的问题。然而，目前关于大学生创新创业教育的相关研究还比较少，基于此，本文分析了国内大学生创新创业教育的现状，并在此背景下提出了几点改进措施，为高校学生创新创业能力的提高提供一定的参考。

关键词：创新创业；高等教育；高校学生

一、引言

近年来，随着国家创新驱动发展战略不断深入发展，高校为培养出高质高效的创新型人才，也将创新创业教育改革作为学校综合改革的举措之一。2007年，教育部发文，提倡全部普通高校在教学计划中加入职业发展与就业指导课程，并将其作为公共课纳入教学计划，从入学到毕业贯穿学生的整个培养过程[1]。国务院于2015年在《关于深化高等学校创新创业教育改革的实施意见》中提出，全面深化高效创新创业教育改革，强调应坚持创新带动创业，创业带动就业，将人才培养目标与经济发展态势紧密结合，提高人才培养的质量，创新人才培养的机制[2]。习近平总书记在党的十九大报告中明确提出，创新是引领发展的第一动力，是建设现代化经济体系的战略支撑，并强调要坚定实施创新驱动发展战略[3]。在响应十九大精神的基础上，在人才强国和建设创新型国家的背景下，加快培养创新创业人才，促进高校毕业生多渠道就业创业，从而努力实现更高质量和更充分的就业是创新创业教育的必由之路。除此之外，高校要加快发展创新创业空间，完善创新创业服务的保障机制，帮助大学生实现多渠道、多元化、多层次自主创业，落实创新创业优惠政策,为毕业生创新创业开辟"绿色通道"。

随着我国对创新创业发展的不断深入,创新创业无论是对学生本身或者学校亦或是社会来说,其重要性都不言而喻。然而,目前高校对大学生创新创业的指导体系还处于初步阶段,高校普遍重视推动大学生就业却忽视了大学生的创新创业能力,因此创新创业对于大学生来说,说起来容易做起来却非常难。可见,在这种背景下,为提升学生的创新意识以激发市场活力,进行我国高校本科生创新创业教育建设研究具有重要的理论和实践意义。本文简要分析了我国创新创业教育的现状,并结合相关理论知识提出了关于大学生创新创业教育的几点思考,为双创教育的多样化提供了一定的参考。

二、我国创新创业教育的发展及现状

对于创新创业指导理论和实践的研究,最早起源于20世纪中期,那时它已经在欧美国家中得到了广泛重视。其中,哈佛商学院于1947年就开设了一门新课程"新创业管理",这一课程的出现标志着创业指导正式走入高校课堂,从而让学生成为探索者以及创业指导的学科化[4]。这也是第一次有学者将创业指导与课程紧密结合,为我国的创业指导提供了宝贵的经验。于是,在1990年国家提出了以"提高创业能力"的教育革新项目为机遇的创业指导的理论研究,并在此基础上取得了一定的成果。此后,王占仁、李浩然、邓淇中以及李亚员等诸多学者以创新创业素质教育模式以及创业实践平台等方面的研究为出发点,更进一步地丰富和发展了创新创业指导理论[5]。同时,教育部还对全国普通高等学校毕业生就业创业工作提出了新的要求,强调把创新创业教育改革作为高等教育综合改革的重要突破口的同时,将学生的创新精神和创造能力作为培养工作的重点[6]。然而直至目前为止,与国外相比,国内创新创业教育仍还存在着一些问题,现简要总结为以下四点:

一是创新创业教育课程体系设置科学性和完整性欠缺,我国高校普遍对创新创业教育课程的认识不足,并多以选修课程为主,存在教学课时较短的缺点。此外,尽管大多数高校的创新创业教育课程内容主要包括理论知识和实践课程,但是其课程数目及内容繁杂且晦涩难明,具体表现在教学课程体系并未考虑由浅入深、由易到难、循序渐进分层次进行,课程内容无法充分衔接到一起,从而导致学生在较短课时难以获取创新创业的核心知识。

二是创新创业教育师资队伍建设落后。随着信息知识的不断更新换代,创新创业教育对教师的教学能力提出了更高的要求。然而,目前大多数的高校在该课程上缺乏相应的专职教师,局限于学校自身有限的师资力量,从而主要采取内部教师轮岗模式,这一做法使得教师在进行创新创业教育过程中缺乏扎实的理论及实践素养。而创新创业课程对教师的教学水平和创业实践能力均有较高的要求,这就导致一大部分教师的创新创业教学与实践能力欠缺,易于出现教学过程中理论与实践应用脱节的现象。

三是创新创业教育缺乏相应的网络研教平台。与其他专业课程相比,创新创业教育课程更需要相应领域的名师指导,其开放性、创新性以及包容性更广,对应的教学模式亦需要多元化、现代化,难以孤立地从课堂教育中取得巨大的成就。在网上开设的创新创业教育研教平台却能够弥补这方面的缺失。网络研教平台上可以有更多各行各业的成功人士参与,甚至可以直接开展网上的创新创业直播,这样学生们可以更加方便地将相关专业的创新创业课程教学与创业成功案例结合起来,而不再只流于课堂教学形式难以深入学习。同时,网络研教平台的教育模式是一种化被动为主动的学习模式,让学生们可以从多方位多感官地立体地阅读,更有利于满足他们在学习信息上的接受程度,从而具有良好的教育便利以及实现资源整合。

四是创新创业课程的产学研实践转化不足。创新创业课程的实践是实现产学研成果孵化中不可缺少的环节,是创业教育课程建设的承接和延续,是对创业理论知识、技能在实践中的重要检验。然而,我国高校在创新创业教育体系中虽提倡理论与实践兼顾,但在实际操作中多出现偏向创新创业理论教育的情况,无法有效地进行理论与实践衔接。还有一些高校仅仅通过举办创业大赛,或者进行创办创业模拟实训公司,创办创业孵化基地等形式来鼓励大学生创业,但由于所推行的产学研模式发展不足且实践性缺乏,导致成果难以转化,创新创业计划也最终沦为一纸空文[1]。

三、创新创业教育融入建筑专业的具体措施

1. 创新创业课程及师资队伍的建设

针对目前大学生毕业就业难的问题,创新创业课程应是大学教育的特色课程,将创业教育融入日常教学之中,有助于大学生毕业就业以及创业计划的开展。创新创业教育的课程应结合专业特色,开办通识课程和核心课程,并依托对应专业知识考虑交叉学科的课程,从而实现专业技能与创新创业教育充分融合发展。创新创业课程也不应只局限于创办公司,应该更多地强调对学生创新创业精神和创新

素质的培养。可以说,创新精神应该在广义上作为一种有益的态度,应用于职业和个人生活中;创新创业教育的人才培养目标不是严格意义上的创办公司的人才,而是培养具备创业精神、态度和能力的人才。其教学内容应该包括:首先是普及创新创业知识,即从创办公司和公司管理的角度对战略决策、市场财务进行综合性讲解,以便于丰富学生们的课程理论知识并且提升学生们的创业者气质和能力。其次是激发学生们的创业意识,即让学生从创业者的角度全盘地考虑问题,质疑接收到的信息,学会创新性思维,树立自信,学会如何说服别人,学会团队管理,进行挫折教育等。最后对学生们做专业的创新创业实践指导,比如可以通过专门聘请一些企业总裁,特别是企业的创始人亲自传授经验,在课程结束时学生要向专家评审团陈述其创业计划,1年之内每个计划都会有1名专家跟踪指导;还可以通过邀请那些成功的创业者开展相关的创新创业专题讲座,宣讲他们曾经的创业经验,从而将创新创业精神及思路有效地传递给学生们。这样参与该系统性的创新创业课程的学生们,其未来将会有更多、更大的可能性。

由于教师作为大学生创新创业教育的施教者起着决定性作用,很大程度上决定着课程教育质量的好坏,因此,高校需大力倡导和引导在职教师开展形式各样的创新创业实践教学活动,在实践中锻炼自我、提高自身课程教学能力,以期更好地开展实践教学。当然,创新创业教育的提高还需要加强对师资队伍的建设,通过建立健全的教学管理培训制度来实现对教师创新创业教学的规范管理,使学校的教师在教学工作上逐步走入科学化、规范化的道路,促进创新创业教学质量的提高。在教师队伍建设管理中,为了丰富教师的创新创业知识,不断提高他们的教学能力,学校可定期举办教师企业实践教学培训活动,建立一个符合学校情况的相对完善的教师创新创业教学培训机制,这样才能保证教师专业水平的不断提升,从而不断地带动大学生创新创业能力的发展和提高。合理安排教师创新创业教学培训的知识点,为教师提供先进的教学理念和经验,使教师能够与时俱进,不断提升创新创业教学水平,适当更新自身的教学思想和方式。此外,为了激发教师在创新创业教育工作上的积极性,还可以设定合适的奖励机制及专业教学水平评价标准,通过物质上或者精神上的小奖励以及相关的考核评价指标来激励教师积极提升教学水平,从而不断提高创新创业教学工作的能力和积极性。

2. 建立创新创业教育的网络研教平台

日本教育学会会长佐藤学教授在华东师范大学作学术讲座,谈及教育发展时说到"学校改革、发展所需要的,不是来自外部的舆论和行政措施,而是学校每一个成员所共享的显示学校和课堂未来图景的改革构想"。这也就是说薄弱教育发展的关键因素是该教育机构中每一个成员的参与。大学的创新创业教育是为学生将来后续学习和个人能力发展而奠定坚实基础，所以更需要每一个教师以及学生的参与，并反馈到平时创新创业教育的工作中。因此，相对应的网络研教平台就有了用武之地。

网络研教平台作为一种创新创业教育的在线互动平台，不仅将为学生们在未来创办新企业，或在现有企业内部推动创新发展做好十足准备，也绝对是一个受到更加先进的教育以及加入校友会、扩宽人脉的绝佳机会。该研教平台需要有丰富的创新创业教育学习板块，例如，创业课程学习、名师在线答疑、校园创新活动、创新创业竞赛等。这样的研教平台就能为学生们的创新创业交流提供更多的方式和方法，可以在更多的渠道上注重学生的个性化发展，对不同学生采用不同的创新创业教育方法。例如，利用创业课程学习以及名师在线答疑，在方便老师创业教学的同时也便于学生创新创业能力的提高；通过校园创新活动上传大学创新创业的相关讯息，以此弥补大学生动手实践能力的不足；创新创业竞赛不仅可以提高学生对相关领域知识的理解和运用，而且对于教师在创新创业教育方式方法的更新和课程综合教学质量的研究方面都具有良好的借鉴作用。此外，在该平台里面，学生们将就其选择的领域进行团队合作，经历从草拟商业计划到完成具体实施的整个过程。他们每周都将获得经验丰富的资深企业家和商界领袖们的指导。

3. 创办孵化园以转化产学研成果

与一般的专业课程相比，创新创业课程的学习不仅复杂而且更加注重实践。那么怎样才能更好地帮助创业者在大学期间获得他们需要的知识？对于很多高校来说，开展创新创业教育实效性不高的重要原因是缺少资金保障，充足的资金支持是解决创新创业实践后顾之忧的重要因素。因此，创设开放、共享、融合、协同的创新创业生态环境，形成众创空间—校内研发—成果孵化—产品生产的孵化园模式是必要的。对于创新创业孵化园的建立，还需要考虑多种资源的有效统合利用。

第一，学校应大力支持创新发明和创业孵化，鼓励不同学校、不同专业背景的学生们展开合作，给学生们提供大量的实际感受和调研机会，并通过设立相关的大学生创新创业基金和成立一定的风险投资基金以帮扶具有价值的创新创业项目。此外，对于智能制造、建筑桥梁、电子信息、国防科技等前沿领域的基础研究和应用研究，也可以通过相关专利的申请和对应的成果奖励来促进创新思想的萌发、创业活力的迸发以及个人劳动价值的实现。

第二,学校在建立创新创业孵化园时,还可以充分利用丰富的校友资源。因为校友与母校之间,除了承担社会责任之外,还有一种深厚的感恩和反哺的情感。在大学孵化园中,由于校友亲历了母校的双创教育并在职业生涯中得到了相应的运用和感悟,他们对于母校创新创业教育人才培养模式以及学生们的学习特点等非常熟悉,从而可以为母校提供更具针对性的双创教育的方式、方法和内容,并且提供更为丰富的创业资源和创业机会等,进而为学生们的创新创业计划提供支持。因此,校友资源可以成为学生们创新创业的坚实后援,不仅在创业项目上能够给予学生们一定的资金帮助,校友们的成功经验也对学生们起着指导作用,从而帮助学生们更好地实现创业理想。

第三,让企业入驻创新创业孵化园,除了以区域经济发展促进学校科学创新之外,还可以对接区域发展进行校企合作,优化学校学科分布和区域产业布局。对于学生在就业时易于陷入就业怪圈,急功近利、消极依赖等负面情绪问题,校企合作不仅可以让学生进行就业模拟实践以积极引导正确的就业创业心态,而且还能够在一定程度上消除学校同企业之间就业信息和需求上的不对等。此外,通过依托学校优势学科来配合地方产业需求的校企合作模式,有助于推动学校科研优势赋能区域科技创新,做到校地协同攻克关键性技术难题,促进高新技术产业升级,科学研究、学科建设与地方产业发展的有机结合和区域经济的纵深发展。

四、总结

学校深入贯彻党的十九大的创新创业精神,建设良好创新创业教育课程体系和师资队伍,结合网上研教平台,并充分利用校内、校友以及地方企业资源建立创新创业教育的孵化园,使得在经过系统科学的创新创业教育之后的学生们懂得如何整合人才和资产进行创业实践。他们在面临各种创业挑战时,将能够利用所学到的相关决策技能来管理企业资产的快速增长,并降低潜在的风险,从而实现大学生的创新创业目的。

参考文献

[1] 李雷,贺楠.中外高校创新创业教育课程体系的比较研究[J].现代商贸工业,2018(9):160-164.

[2] 李曦,李煜民.加强大学生创新创业精神养成和能力培养[J].中国培训,2016(11):38-39.

[3] 吴洁,牛彦飞.创新驱动背景下高校创新创业人才培养机制[J].教育与职业,2019(23):63-67.

[4] 冯春杏.斯坦福大学创业教育的文化取向及启示[D].济南:山东师范大学,2018.

[5] 张一青.新时期大学生创新创业教育研究文献综述[J].智富时代,2016(S1):300.

[6] 钟颖.双创背景下本科生创业指导师资队伍建设研究[D].武汉:武汉理工大学,2018.

第二章

致力乡村振兴　再造魅力乡土
——华侨大学建筑学院光明之城红色筑梦城乡修补[①]

一、项目缘起

福建省的一些历史文化老城镇区、偏远革命老区面临着乡村人口流失、环境破坏等多种问题。在过去的六年里，华侨大学建筑学院光明之城红色筑梦城乡修补志愿服务团（以下简称"志愿服务团"），一支由建筑学院青年师生联合政府、企业以及公益投资人共同推进乡村振兴和社区营造的公益团队，改变了这些地方。

对于一个城市来讲，古建筑是城市的文脉和历史见证。而现实中，这些古建筑文物不断遭到破坏，一是由于人们缺乏对古建筑的保护意识，二是修缮这些古建筑的方法还有待提高。

志愿服务团的成员们带着"保护古建筑"的初心，先后在漳州、古田、澳门等地开展了多次志愿服务。在调研过程中还进一步发现，福建省拥有大量的革命老区和遗存的古建筑，其中涉及革命遗址 2 600 多处。

---

① 城乡修补：是城乡发展理念的更新，也是一项长期的、大规模的系统工程。既要保护原有肌理，又要允许建设发生，新老巧妙结合成为关键。它有利于提高城乡治理能力，解决城市病等。

志愿服务团先后在厦门、泉州、光泽、龙岩、古田、澳门等地进行志愿服务

志愿服务团以"筑梦红色乡村,服务城乡修补"为理念,依托"乡村振兴"和"城市双修"政策,以科技服务为手段,用专业创新成果着力改善乡村功能和环境,发掘和保护城乡历史文化,为提升乡村与社区人居环境、发掘乡村价值、探索新的产业模式,为人才回流、脱贫致富提出了解决方案,使其拥有"自我造血"功能,真正把这些地方变成"大有可为的土地""希望的田野"。

二、思路做法

在社会责任感和使命感的驱使下,自 2013 年起,华侨大学建筑学院志愿者导师便带领志愿者们成立"专业智囊团",为政府或企业项目提供公益性的专业分析,协助政府或企业进行招标,完成项目。从历史街区、红色老区到贫困村落,他们用所学知识服务社会,修缮老旧建筑,改善城乡功能,改变贫困面貌,发掘和保护城乡历史文化和社会网络。

三、建筑技术服务社会

志愿服务团运用专业能力帮助对古建筑进行保护与修缮。现今行业面临着资本追求快钱的现状,古建筑改造还面临着千篇一律的风险,而志愿服务团破解了这一难题。志愿服务团拥有包括建筑遗产保护实验室在内的福建省高校重点实验室,具备专业的修缮实力,并且长期进行乡村古建筑测绘工作,已经建立了古建筑测绘数据库。

同时,志愿服务团在修缮过程中充分保留建筑历史风貌。志愿服务团成员通过在漳州台商投资区角美镇东美村的走访调研,对 102 栋典型建筑、31 个国家级建筑、14 个省级建筑进行了调查活动,深入探寻了当地丰富的人文景观和地理景观,充分了解了当地文化遗产,将其与古建筑修缮充分融合,使改造后的古建筑依旧具有地域特色和固有的历史风貌,更好地向人们展示其丰富的历史文化内涵。

此外,志愿服务团围绕"古村保护"开展爱心支教活动,向当地居民义务传授保护古村的相关知识;与此同时,还利用专业技术知识对当地有价值的建筑进行分级统计及前期测量绘制,为后续的保护与修缮提供完整的基础数据。

四、建筑让生活更美好

每一个项目所在的基地都有其地域特色,志愿服务团在进行实地考察测绘调研之后,会发掘当地的闪光点、隐藏价值或未尽其用的特点。

在"古田五龙村改造"的志愿服务项目中,志愿服务团在传承古田"红色革命圣地"的美誉的基础上,提供了一个集研习、美食和旅宿等多元文化为一体的红色氛围空间,以提升大众红色文化教育。

由于闽、澳两地历史渊源深厚、来往密切,又依托侨校资源,自2011年起学院就受澳门特区政府土地工务运输局和文化局的邀请展开了联合教学。志愿服务团以澳门的地域特色为出发点,对澳门世遗路线及其周边状况进行了特色化改造。

志愿服务团策划和启动了鸿渐村侨乡(菲律宾)特色文化创意园计划。该项目以菲律宾文化为特色,弘扬中华文化、华侨文化与侨乡文化。整合项目现有菲律宾总统、侨领文化资源和民国建筑+工业气息+乡村元素资源,打造集物联网中菲商务中心、东南亚文创产品、古建民宿街区等在内的特色文化创意园。

福建角美鸿渐村文创园计划

在"龙岩新罗区铁山镇"志愿服务项目中,志愿服务团与铁山镇进行共建签约,负责提供乡村振兴与规划实践、乡村文化遗产保护与传承、传统乡村聚落的数据库建设、乡村振兴下的社区营造、绿色乡建的发展、村民参与乡村营造等相关咨询和方案设计;协助落实乡村建设志愿者的组织、管理等相关工作;并为铁山镇推荐专家,定期组织乡村振兴论坛、交流等活动。

龙岩新罗区铁山镇志愿服务项目

除此之外,志愿服务团与其他高校合作为鹭江街道的改造出谋划策。在"鹭江街道老剧场改造"项目中,鹭江街道帮助集结了几所高校及民间协会组织的专家,与志愿服务团一起组成了老剧场文化公园周边片区有机更新共同缔造工作坊,以调研、咨询等多种形式确保各利益相关方的广泛参与,寻求各方利益的"最大公约数"。在保护原貌的基础上,采用不同手法改造街道上的特色店铺,使其变得崭新又复古。

鹭江街道改造现场图

五、实施成效

数年来,志愿者们跟随脱贫攻坚和乡村振兴战略的脚步,走向贫困村落和红色老区,取得了不少喜人的成果。在南平市光泽县,修缮改造了古建筑和红军遗址;

在漳州市上樟村,对党建展示厅进行设计,更好地展示脱贫攻坚成果;在古田五龙村,整合了村里闲置的老房子并将其改造成民宿酒店,为游客提供独特的红色文化体验;在泉州市王宫社区、晋江钱仓村,召集海峡两岸的青年学子,共同为社区改造出谋划策,并成立前进再生基地。

在着力促进闽台港澳交流、海峡两岸旧城市的更新与保护、发掘和保护城乡历史文化和社会网络的过程中,志愿服务团也取得了许多成果:澳门城市街区的美化与更新,使澳门社区居民的生活环境得到改善,志愿者们还联合院士专家一起将成果编缀成书;海峡两岸建筑类高校联合毕业设计,使两岸青年学子在交流学习中共同进步;香港建造业总工会子弟厦门筑梦之旅,鼓励和支持港澳台青年来闽求学、就业创业。志愿者们通过参与改造项目,提供专业所长的志愿服务,改善了贫困村落的风貌,团队成员的专业知识与志愿精神也得到丰富和提升。

六、团队介绍

光明之城红色筑梦城乡修补志愿服务团响应"十三五"脱贫攻坚规划对社会专业人才的号召,用建筑学子的专业知识支持城乡建设项目,为国家的乡村振兴战略奉献自己的力量。志愿服务团是由华侨大学建筑学院学生公益创新创业团队联合政府、企业以及公益投资人共同推进社区营造和乡村振兴的公益创业团队。团队由热衷志愿服务的专业导师和中外青年组成,他们分别来自中国大陆、港澳台地区以及日本、缅甸等多个国家及地区。

团队依托"城市双修"和"乡村振兴"等政策,以"筑梦红色乡村,服务城乡修补"为理念,以"建筑设计"为媒,通过"乡村古建筑修缮""乡村规划设计""社区营造工作营""历史街区更新与保护"四个活动品牌,全方位促进乡村产业发展。从历史街区到红色老区、贫困村落,志愿服务团帮助旧区居民修缮老旧建筑,提高生活质量,改善城乡功能,发掘和保护城乡历史文化。

志愿服务团获得了 2018 年第四届中国青年志愿服务项目大赛银奖;2018 年福建省志愿服务项目大赛银奖;2019 全国大学生志愿服务社区示范项目;福建省"青春扶贫"项目与计划大赛人才扶贫二等奖;2017 年立邦"为爱上色"中国大学生农村支教奖;福建省大中专学生暑期"三下乡"社会实践先进集体等多项荣誉。

最终入围国奖团队合影

同时,志愿团先后获得国台办重点项目立项3次,以及福建省教育厅、华侨大学等单位的资助,并且和百度福建创新中心签订了共建协议,通过网络平台进行项目宣传和资金募集。先后得到人民政协网、中央统战部等多家媒体的报道,倡导更多的群众关注古建筑保护与修缮。

立邦"为爱上色"农村支教团

七、当事者说

田洋村陈书记感慨道:"这次活动,我认为是乡村发展'旅游+教育'产业的一大助力。微景观给咱们村增添旅游点的同时,还能引进学术知识,活化咱们村的整体氛围,提高咱们村民的生活质量,可谓一举多得。"田洋村乡村微景观改造完成后,乡村环境的美化与更新,不仅使社区居民的生活环境得到改善,更使生态环境得到了修复,提高了村民们的平均收入与生活质量。

2014届华侨大学建筑学院的毕业生李纪翔分享通过志愿服务实践得到的启发:"2014年7月,我创建了'建筑学院'App。这个项目的定位是建筑设计交易平台,每年累计培训80万到100万人次,估值2.5亿元。在各网络平台已累计300余万用户,可覆盖全国约70%的90后建筑师。"

2016届华侨大学建筑学院的毕业生于悦说:"我毕业以后,被翔安大嶝的红砖古厝吸引,与本地两名年轻人耗时8个月,将1座十一架厝的闽南民居改造成'屿厝民宿'。做这件事也受到了在校期间志愿活动的影响,通过参与城乡修补志愿服务活动,开阔了自身视野,提升了实践能力,为后来选择这个项目的改造也埋下了伏笔。"

八、志愿故事

(一) 鹭江街道老剧场改造项目

鹭江街道老剧场的"芋包王"店铺改造,是老剧场文化公园周边片区有机更新共同缔造工作坊中的重要一环。志愿服务团提供了很多专业的意见,最终形成设计方案。"芋包王"老板说:"现在的方案我很满意,如果不是工作坊,我的想法没这么快实现。以后一楼店面我还要设置一面文化墙,让顾客可以了解更多的闽南文化。"在项目改造中,志愿者们借助街道对店铺改造的"以奖代补"政策,老板只需要拿出 20 多万元,便可实现创办闽南茶楼的梦想,"芋包王"老板还说:"街道还对我们商家表示,有什么需要随时找他们。"鹭江街道党工委书记占兆文表示:"实施工作坊机制以来,政府有了两大改变,一是从操作者变为参与者,二是从台前走到了幕后,激发起群众共同建设家园的决心,使主人翁精神内化于心,外化于行。"

鹭江街道老剧场改造项目设计图

"芋包王"的变化被街坊邻舍看在眼里,大元路口的"老信记"陈茶、"聪辉"同安封肉店也开始改造,在设计师的帮助下,重新焕发出老闽南的韵味,改造的经费也通过街道"以奖代补"政策从17万元直降到6万元。"聪辉"同安封肉店老板李聪辉说:"现在店铺的营业收入相比过去翻了一番。"

(二)海峡两岸青年学子携手社区振兴

王宫社区位于泉州鲤城区城乡结合部,自2017年9月起,志愿服务团就开始联合社区居民、热心专业人士等分阶段推进社区改造工作,为社区发展提供设计方案,开展社区环境整治以及交通整治;整合政产学研侨力量,组建社区集体发展文旅产业,推动可持续发展……

由此,社区沉寂了近百年、有华侨华人记忆的王顺兴信局(侨批局)得到"重生",邮戳启用、纪念封发行,并设置邮筒,这里成为集邮爱好者新的"打卡"景点;中西合璧的红砖建筑林氏祖厝被精心打造成南洋侨村记忆馆,访客络绎不绝;社区成立了集体所有的王宫文化旅游发展有限公司,南洋文化街区建设、乡土记忆馆群建设也将启动……

为此,王宫社区主任陈聪敏很感谢华大师生志愿者们的付出:"华大师生为我们带来了很多活力,前期几个活动办得很成功,帮助我们挖掘了社区文化遗产,为我们提供了发展文旅产业的清晰思路,村容村貌也得到了改善。"

泉州王宫社区改造计划和光明之城侨村振兴工作营

延伸阅读:

[1] 华侨大学报《"光明之城"走进社区 两岸学子共话改造》
    https://www.hqu.edu.cn/info/1067/82017.htm

[2] 泉州晚报《七响王宫南洋社区文化周26日开幕 两岸学子走街串巷话改

造》

http://www.qzwb.com/gb/content/2018-05/28/content_5822627.htm

[3] 中国新闻网《两岸青年学子走进闽南侨村:走街串巷话改造》

http://www.fj.chinanews.com/news/fj_sp/2018/2018-05-28/411145.html

[4] 中国经济新闻联播《七响王宫南洋社区文化周 海峡两岸学子体验信局慢邮》

http://www.cctv-cmpany.com/cha/36528.html

[5] 中国新闻网《2018海峡两岸青年学子光明之城建筑文化体验营开营》

http://cul.chinanews.com/tw/2018/05－25/8522927.shtml

[6] 新片场社区《缤纷学园路》

https://www.xinpianchang.com/a10275249? from=UserProfile

[7] 搜狐网《绘国学经典,传公益之心》

http://www.sohu.com/a/238182004_100008652

[8] 华侨大学报《建筑学子志愿服务 家风家训"跃上"社区围墙》

http://hqdxb.cuepa.cn/show_more.php? doc_id=1414909

[9] 华大建院团委《华侨大学建筑学院组织同学开展"桑梓匠心"志愿服务系列活动》

https://www.hqu.edu.cn/info/1076/20159.htm

[10] 厦门电视台《十分关注》《鼓浪屿建筑风貌如何重现美丽容颜?》

http://tv.xmtv.cn/2015/08/27/VIDE1440684382444111.shtml

[11] 华侨大学官网《建筑学院与思明区鹭江街道睦邻计划项目启动》

https://www.hqu.edu.cn/info/1075/13898.htm

[12] 台海网《老剧场文化公园片区改造方案出炉 带动片区焕发活力》

http://www.taihainet.com/news/xmnews/gqbd/2015-07-31/1491021_2.html? kgr

[13] 人民网—中国共产党新闻网《华侨大学建筑学院:两岸青年学子光明之城实体建构体验营》

http://theory.people.com.cn/n1/2015/1215/c401479-27931527.html

[14] 人民网《海峡两岸光明之城实体建构决赛厦门举行 中央美院和华大获金奖》

http://fj.people.com.cn/n2/2016/0521/c337006-28377409.html

海峡两岸青年学子光明之城
建筑文化体验营的实践与思考

2016年,习近平总书记在"七一"讲话中指出:"当今世界,要说哪个政党、哪个国家、哪个民族能够自信的话,那中国共产党、中华人民共和国、中华民族是最有理由自信的。"这里所指的自信包括道路自信、制度自信、理论自信和文化自信。其中,文化自信,是更基础、更广泛、更深厚的自信。文化自信不仅包括对本民族优秀文化的信任,还包括主动对本民族优秀文化的继承与传播。随着海峡两岸青年学子的不断往来,"实践育人,以文育人"显得尤为重要。

一、项目主题与思路

海峡两岸青年学子光明之城建筑文化体验营,以"实践教育"为载体,紧密结合两岸的实际情况,融入现实社会和生活的教育,培养学生学会对人、环境、历史的尊重;着力推广中华建筑传统文化,提升两岸青年学子的文化认同感。该项目以校园文化建设为基础,强化社会、学校、学生三方有机结合和互动,构建了教育、创新、就业、服务、文化互动平台,形成了实践育人的社会化、基地化、项目化、专业化、多元化的运行机制,找到了实践教育活动与加强学生思想政治工作的合力点;同时,为两岸青年学子价值判断、社会责任、文化认同等方面搭建交流融合平台意义深远。我院自2014年至今已在闽台交流协会、中国建筑学会、中国台湾建筑师公会的支持和指导下,与台北市立大学、福建省土木建筑学会联合中国建筑学会建筑教育评估分会共同举办了六届海峡两岸青年学子建筑文化体验营,效益显著,连续3年获得国台办重点交流项目立项,光明之城工作室获得华侨大学辅导员工作室重点资助。该项目为两岸搭建了一条培养具有"专业自信、社会担当、团队精神"建筑人才的实践之路。

二、实践方法与过程

（一）以立德树人为中心，转变人才培养模式

2016年我校发布"十三五"发展规划，明确坚持以人才为中心，牢固树立"人才培养是学校的根本任务，人才培养质量是学校的生命线"的理念。国际化是华侨大学融入国际大环境、拓宽视野、与世界各国的大学分享各自的先进思想、知识、成果、经验，以及各国文化精华的基本途径和必由之路；培养创新型人才更是我校推进"双一流"建设的关键所在；培养具有国际化视野的创新型人才是高等教育发展的必然规律，也是发挥我校境内外学生特色工作的使命。《中共中央国务院关于进一步加强城市规划建设管理工作的若干意见》中，提出"通过城市设计，从整体平面和立体空间上统筹城市建筑布局，协调城市景观风貌，体现城市地域特征、民族特点和时代风貌""培养既有国际视野又有民族自信的建筑师队伍"。这也正是建筑学院在育人育才的教育实践中始终思考的问题，这是一个创新的时代，建筑人才培养的实践教育也理应走在创新的路上。

对于建筑类专业学生来说，他们独具对城市的敏锐感官认知能力以及实践调研能力，学院利用学生的专业素养优势，以城市为焦点，以学生自我诉求为引线，以教师为指导，在实践中寻找并践行社会主义核心价值观，包括并不限于红色传承教育、创新创业教育、专业实践教育、就业前景探索、职业规划指导、文化自信教育等当下高校教育的重点问题。建筑学院积极顺应局势，打造学生工作"国际化视野下创新型人才"战略培养模式，以"实践教育"为工作中心，紧密结合学生培养的实际情况，融入现实社会和生活的教育，开拓学生国际化视野，提升学生专业自信，培养勇于实践创新、具有社会担当和团队精神的建筑人。因此，以海峡两岸青年学子实体建构体验营为载体，在建构体验中感受文化的熏陶，在建构设计中融入先进文化的理念，把体验营作为情感体验的实践活动场所，探索建筑类文化教育中的人才培育新模式。

（二）丰富实践内容，培育匠心人才

海峡两岸文化剧场联合设计工作营由华侨大学、中国文化大学、泉州闽南建筑博物馆联合开展，以历史城区踏勘研讨启动，展出海峡两岸联合设计成果，延续传统中国文化与空间，促进海峡两岸中国文化交流。

近年来，体验营以文化为主题开展活动，融入了中国优秀传统文化、革命文化、中国特色社会主义先进文化等元素。如联合设计工作营围绕传统剧场的现代演绎

展开,选址泉州,课题组师生55人对泉州展开了历史城区踏勘调研,并开展小型调研活动,共同探讨历史城区的文化传承和演绎,旨在建设一个兼容地方传统戏剧与现代话剧,融合观演与历史城区市井文化生活的多元文化剧场。

(三) 搭建实践平台,探索育人新模式

(1) 海峡两岸实体建构竞赛。为给学生提供一个从构思到实施搭建,让他们在自己建造的"建筑"里真实体验的机会,我院已经举办了四届由华侨大学、台北市立大学、福建省土木建筑学会联合中国建筑学会建筑教育评估分会共同主办的实体建构竞赛。竞赛要求学生利用瓦楞纸等材料,在9平方米的面积控制下,搭建出一个具有环保性、便捷性、创新性的实体构造小屋。其旨在促进建筑文化与中华传统文化的交流,构筑两岸沟通与合作的新桥梁。

(2) 海峡两岸专题工作营。为搭建一个海峡两岸青年学子的交流平台,结合两岸的实际情况,设计了多种形式的专题工作营,主要包括:

①文化剧场工作营。联合设计工作营围绕传统剧场的现代演绎展开,拟建一个融合观演与历史城区市井文化生活的多元文化剧场。

②实践服务工作营。该工作营重视学生的社会实践活动,组建了"安阳境外志愿服务团队""诚信自助矿泉水普及校园志愿服务团队""美丽厦门手绘人生志愿服务团队""'共同缔造'大学生社区营造志愿服务团队"等志愿服务团队。

(3) 澳门实体建构设计展。海峡两岸高校建筑类实践联盟已连续5年于澳门举办以"澳门城市活化"为专题的实体建构设计展。展览分三个相关专题,从建筑、景观以及规划等方面思考澳门城市空间,力求唤起更多人对澳门城市发展的关心以及对世界文化遗产的保护,实现"建筑服务澳门,技术造福民生"。此设计展有助于两岸建筑学子学术交流,思想碰撞。在多元与开放式的时代建筑教育趋势下,可推动两岸科研教育的互通学习,更好地促进与加强各界的交流与合作,推广中华建筑文化,提升两岸青年学子的文化认同感。

(4) 青春扶贫工作坊。华侨大学建筑学院城乡修补扶贫计划着力为光泽县引入创新的活力元素,两岸学子共同参与,结合光泽自身特点,促进其发展成为有特色、可持续发展的城乡新村。华侨大学建筑学院积极与台湾地区高校创立合作共建项目,在澳门也进行过大量的实地测绘活动。同时,两岸高校师生致力于城乡文化活力再现服务,城乡历史习俗传承、生活传承和产业传承服务。项目对于当地来说是增添技术实施人才,提升居民生活品质,改善生活水平;对于两岸高校来说是可以增加教学实践机会,并与教学方式互融,发挥宣传海峡两岸高校的作用。

(5) 社区营造行动。华侨大学建筑学院注重提倡两岸学子积极加入社区营造实践活动,此活动为光明之城体验营的实践活动之一。两岸高校的学子走进鹭江街道营平、吕岭等社区,对社区进行景观改造、景观提升等活动,为社区引入创新的活力元素,结合社区自身特点,促进其发展成为有特色、可持续发展的社区。同时,共同缔造两岸大学生致力于社区文化活力再现服务,社区历史习俗传承、生活传承和产业传承服务,共同实现两岸高校合作收益最大化的目标。学生们在"社区营造行动"中付诸实践、身体力行,主要包括:

①生态优美行动。"四校联合工作坊"齐聚厦门市鼓浪屿,寻求岛上多元主体(居民、业主、商家、游客、社会组织、街道)共同参与申遗活动。

②邻里和美行动。"共同缔造工作坊"是依托规划师构筑政府、公众、规划师、社团等多元主体互动的平台,探寻推进社区可持续发展的方法与策略。

③文化提升行动。参与鹭江街道推进老城有机更新、创新社会治理。以上活动不断巩固和深化"社区营造"行动成果。

④同胞融合行动。开展海峡两岸青年学子"人·社会·环境"实践教育成果展、论坛等。

(四)强化专业品牌,构建长效化机制

为培养现代青年学子领导协作能力,提高青年学子社会责任感与专业综合素质,强化建筑专业品牌,扩大活动的影响力,海峡两岸青年学子光明之城建筑文化体验营已举办了六届,效益显著,迄今已获得国务院台办、中国建筑学会等有关单位网站和中国新闻网、香港商报等媒体的关注与报道。

表1 2014—2019年光明之城建筑文化体验营活动主题

年份	历年光明之城建筑文化体验营活动主题
2014	"节能环保·绿化生活"
2015	"传承中华文化 共筑光明之城"
2016	"弘扬海丝文化 共筑光明之城"
2017	"弘扬海丝文化 共筑光明之城"
2018	"弘扬海丝文化 实施乡村振兴"
2019	"弘扬海丝文化 实施乡村振兴"

三、主要成效及经验

（一）搭建两岸青年学子专业学习及交流合作实践平台

在体验营活动中，华侨大学建筑学院联合台北市立大学，依托海峡两岸高校建筑类学生专业实践联盟，为两岸高校搭建建筑创意设计实践的交流平台。

海峡两岸高校建筑类学生专业实践联盟内设海峡两岸城市生活影像工作营、两岸光明之城实体建构竞赛团队、两岸建筑学生作品交流展团队，让两岸学生感受到用专业知识服务社会的快乐，体会到建筑让生活更美好的设计理念，科学检验知识转化为生产力的实际效果，进一步引导他们回到课堂探索新知识。"海峡两岸光明之城实体建构创新竞赛"项目获第二届海峡青年节大学生公益社团策划大赛一等奖。

（二）弘扬中华传统建筑文化，用创意与专业服务社会

海峡两岸联合设计工作营由两岸高校共同组建，以历史城区踏勘研讨启动，在地设计、服务当地，举办海峡两岸联合设计成果展，延续传统中国文化与空间，促进海峡两岸中华传统建筑的文化交流。其荣获华侨大学校园文化优秀项目。华侨大学建筑学院光泽县"光明之城"青春扶贫计划项目团队（项目负责人：欧海锋）获得福建省"青春扶贫"项目与计划大赛人才扶贫计划组二等奖；光明之城红色筑梦城乡修补志愿服务团获得第四届中国志愿服务大赛全国银奖，福建省银奖。

（三）为城市创意文化注入新活力，赢得赞誉且效益显著

倡导"弘扬海丝文化"的海峡两岸青年学子光明之城实体建构体验营自泉州市走到厦门市，并走向海峡两岸，获得社会各界持续关注，成为泉州海丝文化、厦门鹭岛文化乃至两岸交流活动文化的重要组成部分。"海峡两岸青年学子光明之城建筑文化体验营"创新项目获得2015、2016、2017年国台办重点交流项目立项及团中央基层团建优秀案例展播。

（四）强化海峡两岸文化交流互融，提升体验营影响力

2014—2019年期间，获得福建省团委2016工作课题研究"新形势下拓展闽台两地青少年文教交流载体创新"，福建省党委统战人文社科类立项"新形势下拓展闽台文化交流合作的研究——以海峡两岸青年学子光明之城实体建构体验营为例"。中共中央台办、国务院台办、中国新闻网、人民网—中国共产党新闻网、新华网、中国青年网、中国台湾网等30多家有广泛影响力的权威媒体相继发布了海峡两岸光明之城建筑文化体验营的相关报道，创造了更广泛的社会文化交流。

四、下一阶段工作考虑

（一）进一步完善体验营组织实施工作

体验营的组织开展首先要更进一步抓好筹备工作，让前期准备工作更加细致化。活动计划、报名统计方式以及接待日程安排等都需要完善。比如：建构体验营经费运用较为紧张；建筑文化体验营活动期间正值南方雨季，瓦楞纸容易遇潮软化；志愿者培训工作不到位；竞赛会务用品缺乏专门化管理；传统媒体工具应用不佳；活动规模小，参与人员受限。

（二）强化推广闽南传统建筑文化，展现民族的文化魅力

为了提升海峡两岸青年学子光明之城建筑文化体验营的文化内涵，必须更加重视活动对于闽南传统建筑的调研和考察。

被马可·波罗誉为"光明之城"的历史文化名城泉州，有着丰富的历史文化积淀，其具有代表性的建筑文化遗产都成为重要的踏勘点，今后应更加深入考察泉州的闽南建筑文化、市井生活和历史城区空间。踏勘结束后，开展两岸青年学子对基地情况和泉州历史城区空间的研讨，加深对泉州文化的认识。

（三）增加两岸师生的互融互通，搭建交流实践平台

由于资源和时间的限制，体验营的日程安排比较紧凑，留给两岸师生自发认识彼此的机会较少，可以通过组织互动性强、趣味性高的娱乐活动打破学生们刚进体验营时的陌生感与紧张情绪。

在海峡两岸学子联欢之夜的安排中暴露了组织上的一些问题，比如现场设备临时故障、两岸师生互动游戏环节调动性弱。建议增加学生组织的"迷你台湾夜市"与富有厦门当地特色的博饼游戏，使青年学子感受到海峡两岸不同文化风俗。

这六年来，华侨大学建筑学院通过海峡两岸青年学子建筑文化体验营，加强了海峡两岸青年学子的交流与互动，使两岸学子不断增强文化认同、价值认同。这些都给我们启示：这些学生既是传播中华优秀传统文化一支不可忽视的力量，更是拥护祖国统一和发扬爱国主义的重要力量。

在建筑游学中寻找城市价值
——高校思想政治教育与工程实践教育的创新结合

习近平总书记在全国教育大会上强调:"要全面加强党对教育工作的领导,坚持立德树人,加强学校思想政治工作,推进教育改革,加快补齐教育短板,教育事业中国特色更加鲜明。"游学是我国古代传统的学习教育方式,也是"读万卷书,行万里路"这句治学良言的积极实践。游学在当代作为实践教学的重要模式,对突破实践教学中存在的限制条件和瓶颈,提高教学水平、推动教育改革有重要意义。

"寻找城市价值"建筑游学将高校思想政治教育工作与工程实践教育工作进行创新结合,探索如何在建筑类专业工程实践教育中进行思想政治教育引领,是培育和建构建筑类专业的大学生核心价值观念与主流意识形态的重要过程。该活动连续5年受到中国商报和中国侨网专题报道。

一、案例综述

建筑游学以"实践教育"为工作中心,着力构建侨校特色思想政治工作体系,将中华建筑传统文化融入现实社会和生活的教育中,旨在以创新的模式加强大学生的思想政治教育。该项目由学生自主设计游学方案,规划、管理游学行程,形成了前期广泛动员布置任务,中期组织规划践行游学行程,后期展示交流、总结推广的活动体系。我院自2015年至今,与福建省级工程教育实践中心联手开展了五次游学活动,先后前往深圳、上海、川渝、杭州等国际前沿都市寻访学习,共计170余人参与,获得了中国侨网、中国商网、搜狐等多家媒体的报道。该项目结合学科专业教学特色,探索建筑类专业工程实践教育中的思想政治引领新模式,是一项贴合新时期学生发展特点的实践教育活动,旨在促进学生全面发展。

二、案例解析

(一) 案例思路与理念

华侨大学建筑游学以"寻找城市价值"作为主要议题,以"立德树人"为根本任务,紧密结合建筑学子的实际情况,融入现实社会和现实生活,立足解决以下问题:(1)培养学生学会对人、环境、历史的尊重;(2)着力推广中华建筑传统文化,提升两岸青年学子的文化认同感;(3)将"引进来"与"走出去"紧密联系,强化社会、学校、学生三方的结合和互动;(4)构建教育、文化、实践、就业、创新的互动平台,找到实践教育活动与加强学生思想政治工作的合力点,树立和提升华侨大学学子的价值判断、社会责任和文化认同感意识。

(二)案例设计与实施

1. 探索城市再生机制,落实"三严三实"精神

建筑学院师生于2015年和2016年两次赴深圳开展"寻找城市价值"建筑游学活动。游学围绕"体验建筑本身的存量改造案例""城市自身发展需求下的创业园区参观""校企合作、走访校友""今昔对比,探寻城市的文脉思考,纵观城市的历史变迁"四个主题展开。借助"实践活动"的重要契机,建院师生尝试通过观察与研究生活模式去寻找深圳这座城市的价值。活动旨在用大学生的眼睛看深圳,在城市价值的调研过程中落实建筑人"三严三实"精神:优秀改造设计案例突出"谋事要实";在职业交流中促使大学生了解创业现状,切身感受创业精神与创业文化,领悟"创业要实";通过游学的实践教育,提升建筑人"做人要实"的匠人精神。

2. 寻找城市更新活力,体会"城市让生活更美好"理念

2017年1月14日至19日,建筑学院师生赴上海开展"2017寻找城市价值"建筑游学活动。游学围绕"深入都市旧区新生,探索城市蜕变历程""考察创新创业园区,探讨改造重建价值""共创校企合作基地,寻访优秀校友""访问建筑名校,走近文化价值""沉淀历史价值,传承红色基因"五个主题展开。以培养专业实践素养与人文素质共具的综合性建筑人才为目的,建院师生游历考察了上海多处在都市再生、历史沉淀、时代创新等议题下具有代表性的地点,寻找时代变迁下城市与建筑"更新、变迁、改造、创造"的全新价值;体会"城市让生活更美好"的人文理念;在时代前沿大都市中探索职业生涯规划的多元方向,将高校创新创业教育落到实处。

3. 感悟城市文化底蕴,秉承"人才共建"思想

2018年1月26日至2月1日,建筑学院师生赴川渝开展"2018寻找城市价值"建筑游学活动。游学围绕"弘扬城市精神,谱写时代新篇""践行绿色理念,筑造宜居城市""感悟巴蜀文化,坚定文化自信""牢记初心使命,传承红色基因""走近现代名企,探索就业前景"五个主题展开。活动以提高实践水平、丰富社会实践经验为宗旨,探寻重庆和成都这两座时代变迁下的城市与其中的建筑,体会城市发展与人文关怀、文化底

蕴、科技生态有机结合的人文理念。更多地去理性思考建筑本身所包含的意义以及它与城市发展之间的关系,秉承"人才共建"的思想,以技术和梦想创造城市价值。

4. 领会新时代城市内涵,助力乡村振兴战略

2019年1月21日至1月26日,建筑学院师生赴杭州开展"2019寻找城市价值"建筑游学活动。游学围绕"寻找城市价值,助力乡村振兴""齐颂盛世,庆祖国七十华诞""砥砺奋进,扬五四百年精神"三个主题展开。在游学中,同学们观察与研究杭州城市的有机多元发展,学习杭州乡村振兴先进经验,感受祖国历史文化底蕴,了解城市的起源和新时代发展,探索外部世界,感受艺术本源,了解创业基地运营模式,在此基础上,激发他们将个人理想与国家发展相结合的热情,用专业所学回报社会,积极投身于中国特色社会主义建设。

(三) 工作实效与经验

1. 从课堂"走出去",拓展延伸学科专业内容

"寻找城市价值"建筑游学每年都以不同的主题和活动内容寻访不同城市,以全新的思路和角度来拓展延伸学科内容,具体情况如下表所示:

时间	地点	主题	内容
2015	深圳	"寻找城市价值,探索未来方向"	入住侨城旅游国际青年旅社,参观艺象iD TOWN国际艺术区;参观满京华美术馆;参观大成面粉厂、库博建筑设计事务所
2016	深圳	"寻找城市价值,谋求自身发展"	参观蛇口"城市原点"深港双年展;入住艺象国际青年旅社;参观海深港青年梦工厂、万科企业公馆、艺象iD TOWN国际艺术区;参观大鹏所城、深圳立方设计顾问有限公司和拾级景观建筑事务所
2017	上海	"寻找城市价值,走进历史文化"	参观龙美术馆、西岸艺术中心,入住上海苏荷国际青旅;参观800秀创意园区、上海同乐坊;参观同济大学、虹口SOHO、外滩SOHO;参观筑博设计公司、致正建筑事务所等
2018	川渝	"寻找城市价值,弘扬城市精神"	参观成都规划馆、万象城、太古里;与成都基准方中设计有限公司签署《华侨大学校外就业创业实践基地协议书》;走访渣滓洞、白公馆和人民大礼堂;参观洪崖洞、锦里和大熊猫繁育基地等
2019	杭州	"寻找城市价值,助力乡村振兴"	参观西湖;参观杭州市城市博物馆、良渚博物馆;到访GAD建筑设计公司和中国美院;参观东梓关村、文村村、小河直街;参观梦想小镇和西溪湿地公园

通过走访城市建筑设计,体验城市建筑风格,感悟城市和建筑的一体化发展过

程,大大加深了学生对学科专业的实践感知。学生通过对城市建筑现状的观摩、思考和想象,再将其与生活相联系,在学科专业知识的巩固检验中,更深化了对"人·社会·城市"的感悟。

2. 将文化"引进来",深化爱国主义教育情怀

爱国主义是社会主义思想道德建设的主旋律,建筑游学将重温革命历史旧址、走访爱国主义教育基地纳入游学行程,加深学生对爱国主义的理解和认识,传承红色基因,弘扬不朽革命精神。参访红色革命建筑对学生特别是港澳台学生起到了很好的爱国主义教育作用,例如香港学生梁栋颖在参观完渣滓洞、白公馆后说:"重温革命建筑让我感受到先烈们为国家解放所奉献的热情和宁死不屈的革命精神,在今后的学习和工作中我一定要贯彻这种奉献的大无畏精神。"香港学生冯光明在参观完东梓关村和文村村后说:"我们应该积极地参与到国家的乡村振兴战略中去,用专业的力量带动乡村经济发展,为振兴乡村贡献出青春力量,展现新时代的青年作为。"

建筑游学坚持以爱国主义教育为重点,把爱国主义教育与高校思想政治基础实践课相结合,引导学生在思想政治教育实践和社会生活实践中弘扬爱国精神。

3. 探索新型教育模式,拓展创新创业教育

在"大众创业、万众创新"的时代背景下,推动创新创业教育意识的培育和实践,是高校思想政治教育的基本原则之一。在创新方面,本项目是建筑学院在探索中创新的全新高效教育模式,学生能够利用自身的专业素养优势,以城市为焦点,以自我诉求为引线,以教师为指导,在游学中解决如何实行创新创业教育、专业实践教育、文化自信教育等当下高校教育的重点问题。在创业方面,建筑游学过程中创设了各种有利平台,通过拜访创业园区、企业走访等也建立了一批实践创业基地,具体见下表:

时间	地点	公司
2015	深圳	CCDI悉地国际设计顾问有限公司实践创业基地
2016	深圳	深圳立方建筑设计顾问有限公司实践创业基地
2017	上海	上海筑博设计(集团)股份有限公司实践创业基地
2018	成都	成都基准方中建筑设计有限公司实践创业基地
2019	杭州	杭州绿城设计顾问有限公司实践创业基地

通过与企业联合建立实践创业基地,建筑学子对当今时代实业价值、行业趋

势、创业模式、创业前沿有了实践性了解,对大学生个人职业生涯规划具体化安排起到积极作用。

三、案例点评

(一)案例典型特征

《国家中长期教育改革和发展规划纲要(2010—2020)》中强调,要着力提高学生"善于解决问题的实践能力","着力提高学生的学习能力、实践能力、创新能力",坚持"理论学习与社会实践的统一"。

本项目最典型的特征就是将理论与实践完美结合,将教授学生专业理论知识的第一课堂与培育创新实践能力的第二课堂紧密联系。建筑游学以建筑学院学科专业发展为吸引点,激发学生运用专业学科的学习热情,由传统的被动接受转变为主动学习。在游学活动开展之前,学生自觉主动地多方面收集有关资料并结合具体实践展开学习准备工作,将以往课堂中的所学所得在实践中加以运用、检验和深化,将书本中的理论知识与现实实践相结合。这不仅可以提高学生认识问题、分析问题、解决问题的综合素质水平,还可以在实践过程中使学生养成理论自觉、理论自信。

(二)案例推广价值

"寻找城市价值"建筑游学经过四年来的多元实践探索,在强化高校思想理论教育和价值引领方面有很大的推广价值。

1. 活动品牌魅力十足,引领学生向上、向善、向学

建筑游学不是简单地"游玩""旅游",而是一个结合"两学一做"和"一学一做"精神的学、做结合的教育实践活动。其以培养专业实践素养与人文素质共具的综合性建筑人才为目的,旨在拓宽建筑学子全面、多元化的发展方向,拉近时代视野,引领学生向上、向善、向学。

2. 创新项目设计,实现教学内容模式和主客体的转换

建筑游学重视教学内容模式的创新,更新传统的课堂教学模式,把游学地点作为第二大课堂,以问题为导向,引导学生自主寻找城市要素并付诸探索和实践。此外,游学教育实践还重视教学主客体的转换,教师从教导一线转变为指导一线,学生在从前期准备到行程策划、探索实践再到后期汇报总结的整个活动中占主导地位,从而使教育效果产生质的变化。

3. 提升后期成果,促进良好院风学风营造

游学的结束并不意味着学习的结束,学生们返校后通过汇报会的形式向全院乃至

全校师生展示团队的游学成果,实现再宣传与教育。同时建立华侨大学建筑校友交流会,为建院学子提供社会互动平台。以此促进良好院风学风建设,培养创新型人才。

(三) 思考与建议

建筑游学目前还处于初级探索阶段,尽管取得了一定成效,但仍存在许多不足。今后,我们会根据实际情况,从以下几方面进行改进。

1. 坚持立德树人根本任务,拓展活动内容

立足"立德树人"的根本任务,把中华优秀传统文化和思想政治教育融入游学活动的每一层面,使学生在各个环节既能加强社会实践能力又能塑造自身道德价值观。例如在活动前的第一课堂中,可以把思想政治教育的相关课程与其对接,加强学生思想道德修养。在第二课堂中,可以设立采访活动,了解当地居民对建筑文化的看法;与政府搭台,设立思政教育微课堂。

2. 进一步开展志愿服务,扩大社会影响力

建筑游学应带领学生发挥志愿服务精神,进一步扩大社会影响力。例如在探访某一建筑地点时可以提前与其进行对接,一方面让学生在参观的同时做一些展馆维护、垃圾清理等志愿服务工作;另一方面也可以让学生志愿担任讲解员,向游客讲解该建筑的特色与文化内涵。通过开展形式多样的公益活动使学生践行社会主义核心价值观,提高他们的道德修养水平。

3. 进一步加强课程思政建设,落实"三全育人"理念

建筑游学应进一步探索课程思政建设,例如在游学前的相关思政课程中可以邀请政府相关领导来上课;在活动过程中可以启动"名师微课堂",由名师现场讲解建筑的特点、文化内涵及其体现的价值理念;在活动过后的总结环节,可以将思政教育与实践教育的结合度作为重要评价指标来评选优秀案例,日后进行交流学习或者作为经典案例分享加入相关实践课程。使思想政治工作贯穿教育教学全过程,实现全员育人、全程育人、全方位育人。

为港澳青年就业创业搭台搭梯的思考与建议

习近平总书记十分重视青年工作,也特别关心港澳青年。2018年7月1日,习总书记在参加香港特别行政区行政长官就职典礼上的讲话中指出:要注重教育、加强引导,着力加强对青少年的爱国主义教育,关心、支持、帮助青少年健康成长。11月12日,习近平总书记会见港澳各界庆祝改革开放40周年访问团时发表了重要讲话,他强调:"广大港澳青年不仅是香港、澳门的希望和未来,也是建设国家的新鲜血液。港澳青年发展得好,香港、澳门就会发展得好,国家就会发展得好。要为港澳青年发展多搭台、多搭梯,帮助青年解决在学业、就业、创业等方面遇到的实际困难和问题,创造有利于青年成就人生梦想的社会环境。"

2019年4月30日,习近平总书记在纪念五四运动100周年大会上发表重要讲话中强调:青年是国家的未来,也是世界的未来。中国梦与世界梦息息相通,中华民族应该对人类社会作出更大贡献。新时代中国青年,要有家国情怀,也要有人类关怀,发扬中华文化崇尚的四海一家、天下为公精神,为实现中华民族伟大复兴而奋斗,为推动共建"一带一路"、推动构建人类命运共同体而努力。习总书记关于青年的论述给港澳青年以极大鼓舞,一定会引导更多的港澳青年投身中华民族伟大复兴中国梦的奋斗之中,一定会吸引更多的港澳青年投入粤港澳大湾区以及国家的建设中。

一、港澳各界热议习近平总书记讲话的情况

(一)香港各界热议习近平总书记讲话并积极响应行动

香港《文汇报》4月30日发表社评指出,香港作为国家的一部分,在近现代史上的每一场爱国运动中从未缺席,爱国始终是香港社会的主流价值。香港青年纪念五四运动,就要弘扬爱国精神,更坚定爱国之心,更勇于挺身而出,自觉抵制一切危害国家安全、损害国家利益的行为。香港《大公报》当日发表题为《习近平寄语当

代中国青年情真意切》的社评,文章表示,部分香港青年对当年五四运动及今日作为中国青年应该爱国,在认知上、感情上的差距是不少的。但对此不必焦急、更不必苛责,而是要从关注内外大环境以及升学、就业、前途等方面进行耐心的教育,启发和引导他们逐步走上"有国才有家""国家好个人才会有前途,人生才会有意义"的正确道路上来。日前,香港部分团体和人员在湾仔金紫荆广场开展了一场特殊的"快闪"活动。年近九旬的东江纵队老战士、德高望重的院士学者、政界、商界、演艺界的知名人士,纷纷参与"唱国歌"的快闪,点燃了广大香港青年爱国热情。香港又一村学校校长李明珠接受采访时说:人始终需要国,也都需要家,有国有家,小朋友会有归属感,才会有情有义。谭咏麟、成龙表示:每个中国人唱中国的国歌,是天经地义的事情。

(二) 澳门各界热议习近平总书记讲话并积极响应行动

澳门中联办举行全澳高校学生会代表五四座谈会,12 名澳门青年代表发言,傅自应主任与澳门青年一起交流了学习习近平总书记在纪念五四运动 100 周年大会上讲话精神的体会。澳门各界分别举行了五四青年节升旗仪式、纪念五四运动 100 周年巡回展、"粤港澳大湾区青年社团结盟计划"签约仪式、五四运动 100 周年纪念邮品发行仪式暨青年论坛 2019 开幕式、"百人青年拼新章""传承五四精神——信仰的力量"讲座等活动。澳门各界积极响应习近平总书记的讲话,把纪念五四运动 100 周年与庆祝新中国成立 70 周年、庆祝澳门回归祖国 20 周年紧密结合,充分展现新时代澳门青年人的风采。

(三) 内地高校港澳青年热议习近平总书记讲话

在内地高校学习的港澳青年也纷纷学习和热议习近平总书记重要讲话。暨南大学组织了港澳学生代表集中观看直播,澳门学生代表吕同学表示:一国两制,爱国爱澳,是我从小便知道的,要爱国,忠于国家,才能把我国建设成为社会主义现代化强国,国家的未来需要我们青年人的奋斗,一代接着一代不断前进。香港学生代表杨同学表示:我作为一名在粤港澳大湾区学习的学生,深刻明白粤港澳大湾区所带来的重要机遇。建设好粤港澳大湾区也是湾区青年应承担起的责任与使命。我会勇于担当责任、砥砺奋斗,练就过强本领,锤炼品德良好的内心,不断地发展自我,完善自己,为祖国的繁荣富强作出贡献。华侨大学组织了港澳学生代表集中收看直接,并召开了座谈会,举办了纪念五四运动 100 周年夜跑、"我们都是追梦人"快闪、港澳学生代表升旗仪式等。香港学生王同学表示:学习习近平总书记在纪念五四运动100周年大会上的讲话精神,使我更加明确努力方向,因为知道,在奋斗的过程中,不会孤独,祖国永远都会是我们坚强的后盾,备受鼓舞。对于我来说,这是一种情怀,香港的命运亦始终与祖国的命运紧密相连。国强助少年强,少年强则国强。在内地读大学是我人生中重要选择之一,作为港生的我,比别人多了很多机遇,我最骄傲的亦是可以作为校园志愿服务队的一员,带领全校境外生们关爱所需帮扶的弱势族群,将五四精神歌颂且传承。而即将走出高校校园之际,不仅回顾了过去,更加启迪了未来,我会善用自身优势,助祖国创造更辉煌时代。

二、引导港澳青年全面认识新青年的使命与担当,为港澳青年搭台搭梯

习总书记指出:各级党委和政府、各级领导干部以及全社会都要充分信任青年、热情关心青年、严格要求青年,关注青年愿望、帮助青年发展、支持青年创业,做青年朋友的知心人、青年工作的热心人、青年群众的引路人。我们要引领港澳青年全面认识新青年的使命与担当,为港澳青年搭台搭梯。

(一) 如何引领?

1. 应引导广大港澳青年深入学习习近平总书记在纪念五四运动100周年大会上的重要讲话精神。通过港澳行政区政府、中央人民政府驻港澳联络办公室、港澳中资企业、港澳爱国社团、内地政府涉港澳工作部门等开展形式多样的学习宣传活动,在全社会掀起学习、讨论的热潮,让港澳青年自然而然被这样的氛围所感染。

2. 应引导更多的港澳青年参与到了解五四运动100周年发展历程的系列活动中。以纪念五四运动100周年、庆祝新中国成立70周年、庆祝澳门回归20周年为契机,开展一系列国情考察和主题教育活动,既要深入到五四运动的源头去,也要到五四运动拓展的革命中去;既要在理论中学习,又要在实践中体验,以更加宏观、全面、系统的视角了解五四运动的百年历程。

3. 应引导更多的港澳青年参与到粤港澳大湾区建设中。粤港澳大湾区建设正是青年弄潮儿的天地,当前粤港澳大湾区的蓝图已绘制完成,正需要港澳青年抛开顾虑,甩开膀子,撸起袖子,以主人翁的姿态投入大湾区建设。在这个建设过程中,要给予港澳青年充分的政策支持、技术指导、资源调配、环境营造,从而能让他们安得下心,干得舒心,做得开心,树立信心。

4. 应充分发挥香港内地高校联谊会、香港华侨华人总会、香港工联会、澳门民建联等爱国爱港、爱国爱澳社团的作用,组织纪念五四运动100周年系列活动。充

分发挥广东省与港澳的地缘近、文缘亲的优势,联合举办系列纪念活动。充分发挥内地高校的作用,组织内地高校港澳学生开展思想教育、形势与政策教育、庆祝活动、征文活动等纪念五四运动100周年、庆祝新中国成立70周年活动,发挥新媒体的宣传作用,用青年人喜欢的方式弘扬五四精神,让五四精神深入人心。

(二)搭什么台?

1. 搭交流平台。搭建港澳青年与内地青年文化交流平台;开展港澳高校与内地高校的交流合作,鼓励港澳高校大学生与内地高校大学生结对子交流;搭建内地青年社团与港澳青年社团的平台等。

2. 搭成才平台。搭建港澳青年语言提升平台,促进"两文三语"水平的不断提升,夯实港澳青年的中文水平,推进香港青年英语水平和澳门青年葡语水平提升;搭建综合能力提升平台;搭建专业素质提升平台。

3. 搭就业、创业平台。开展港澳青年的职业规划工作,特别是如何融入粤港澳大湾区建设;在内地著名企业和港澳中资企业中,建立一批港澳青年就业、实习基地;在内地自由贸易区、各地青创中心等,为港澳青年建设一批创业基地,鼓励港澳青年与内地青年共同创业。

(三)搭什么梯?

1. 搭"决上楼难等问题的扶梯"。上楼难主要是指港澳的人均居住面积较小,特别是香港地区更为明显。因此一方面政府将私人住宅市场放开,让房地产商更好地服务于有消费能力的群体,同时通过土地转让金、税收等获得财政收入;另一方面将财政收入投入公共住房建设中,大力发展公屋、居屋,补贴低收入阶层,保障他们的生活;完善提升新市镇计划,通过政策、交通、产业规划提升等办法激活新市镇发展等;对周边山林进行开发,也可适当填海建岛。

2. 搭"解决上位难等问题的直梯"。上位难主要是指部分年轻人较难参与政府构架。因此政府制订青年发展战略,促进港澳青年长远持续发展;支持港澳政府推出青年自荐计划,参与香港特区政府的咨询架构;在中央团校、知名高校设立"一带一路"港澳青年政府管理人才班,开展内地发达城市政府和群团单位挂职锻炼千百人计划;同时推进商业人才港澳青年班、科技人才港澳青年班,引流港澳青年北上创新创业。

3. 搭"解决上流难等问题的云梯"。上流难主要是当前经济形势下开创高端职位的进度变慢,大学学历工作人员最终从事较低技术职位的比例持续增加。因此提倡港澳青年与内地青年通婚,通过福利政策引导、就业创业岗位设立引导在内地发展;港澳与内地对人才资质认证体系互通;探索在大湾区内政府机构的非机要核心岗位设置部分聘任制公务员、事业单位岗位供港澳青年报考;解决港澳青年在出入境、子女入学、社会保险、医疗、金融、购房、税收等方面享受内地居民待遇和优惠便利服务。

习近平总书记在讲话中给港澳青年以极大的鼓舞,于港澳青年而言,更要将习总书记提出的6点希望作为个人的努力方向,把个人的发展同港澳的发展、祖国的发展紧密结合起来,同内地青年一道,为创造更加美好的生活、为实现中华民族伟大复兴的中国梦而团结奋斗。

中华传统文化
融入一带一路建筑类人才培养模式研究
——以海外华裔大学生—华侨大学建筑营为例

一、案例综述

华侨大学建筑学院一直以来致力于构建侨校特色教育体系，将中华建筑传统文化融入现实社会和生活的教育中，旨在以创新的模式促进中华传统建筑文化的传播与交流。同时华侨大学建筑学院一直发挥侨校面向海内外的多元文化特色和独特资源，教学努力实现与国际建筑学教育的接轨，通过"请进来、走出去"紧跟教学前沿领域。在当今"一带一路"倡议不断深入推进的背景下，华侨大学大力实施"大华文教育"战略，积极参与深化"一带一路"建设。此次建筑营以"建筑"为媒，以共论共赏建筑文化为契机，华侨大学建筑学院师生与来自马来西亚拉曼大学的近三十名师生一起开展了为期11天的学习与交流。此次活动内容丰富多彩、形式多种多样，内容涵盖了湿地与校园生态、马来西亚华侨建筑、美丽厦门与社区营造、中国城市轨道交通等相关专业知识。两校师生在"中马大学生国际建筑工作坊"中携手制作木工制品；一同参观海丝古城泉州、世界文化遗产厦门鼓浪屿、福建南靖土楼等中国传统建筑；在中秋佳节一同体验了中国闽南传统习俗——"博饼"；两校学子也在"奋斗的青春最美丽"的演讲比赛中赛出了风采。此次活动取得了良好的成效，华侨大学与马来西亚拉曼大学也建立起深厚的友谊，将华文教育从单一学科扩展到中华文化、现代科技和社会发展的各个领域。

二、项目解析

（一）项目背景

2013年，习近平总书记提出"一带一路"倡议，与世界各国共谋合作，共同发展。这一倡议在国际上产生了广泛而深远的影响，得到各国热烈响应和积极参与，而马来西亚作为"一带一路"沿线国家之一,与中国维持着良好的友谊。2018年是中马建立全面战略伙伴关系5周年,也是马来西亚新政府上任的开局之年。随着马来西亚新政府成立,中马关系站在新的历史起点上,面临着重要的历史性机遇。

2018年8月1日,马来西亚总理马哈蒂尔在总理府会见国务委员兼外交部部长王毅时提到,深化中马两国的关系,就要深化人文交流。通过此次中马国际建筑营,华侨大学与马来西亚拉曼大学建立起深厚的友谊,将华文教育从单一学科扩展到中华文化、现代科技和社会发展的各个领域。该项目紧密结合建筑学子的实际情况,融入现实社会和现实生活,培养学生学会对人、环境、历史的尊重;着力推广中华建筑传统文化,提升学生的文化认同感,坚定文化自信。

(二)项目开展情况

1. 开展建筑系列讲座

华侨大学建筑学院邀请了校内知名的专家学者围绕着城市建筑和中华文化两大主题,就"社区发展的泉州实践""马来西亚华侨建筑""美丽厦门与社区营造""中国城市轨道交通发展及其综合开发""海绵校园规划建设"等内容开展了讲解。这一系列讲座从中华文化、中国历史和中国现状出发,向马来西亚学子解析了中国在面临建筑营造与城市发展问题时应对的利弊,并围绕历史文化与自然条件差异的话题比较了中马两国建筑的异同,帮助学生们对人、社会、环境、建筑、文化之间的关系以及相关知识进行了系统性的梳理和理解,引导同学们进行了关于建筑文化的传播与交流的思考。

2. 开展"奋斗的青春最美丽"演讲比赛

此次建筑营期间的中马大学生演讲比赛充分彰显了中华文化的独特魅力,中马13名参赛选手发表的主题为"奋斗的青春最美丽"的演讲,用铿锵有力的语言诉说着自己对于未来的梦想,对于国家的期望,充分展示了中马当代青年的活力与风采。本次"奋斗的青春最美丽"演讲比赛,旨在引导青年形成正确的价值观,自觉增强奋斗精神,培养不怕挫折、不畏困难的精神,将个人的梦想与国家发展的大目标紧密结合在一起,汇聚成势不可挡的洪流。

3. 举办"光明之城"建筑工作坊

华侨大学建筑学院师生与拉曼大学的学生于 2018 年 9 月 22 日在"李朝耀建筑实验大楼"举行了"光明之城"国际建筑工作坊建构赛,比赛分为建构组和木工组,中马两校学子自行组队,在比赛中团结协作,互相交流,赛出了友谊与风采。通过建筑工作坊这一实践项目,塑造两校学子的理论素养、远大抱负、工作技巧,使他们最终成为肩负着繁荣和弘扬建筑文化的重任、知识渊博、勇于实践、积极进取、具备综合素质的优秀青年。活动的举办,不仅有利于深化两校间的深度交流与合作,同时,这也是双方交流合作、取长补短的大好机会。

4. 举办中华传统中秋节联欢会

月圆中秋,月华如歌,为了更好地展现华大人的精气神,弘扬中华传统文化,在中秋之夜,中马两校学子共同体验了中国闽南地区的传统活动——"博饼"。300年前,郑成功屯兵厦门,到了八月十五,将士们思乡之情浓烈,为了抚慰背井离乡的士兵,郑成功部下洪旭发明了"博饼"游戏。两校学子共话中秋,感受中华文化独一无二的理念、智慧、气度、神韵,同时也拓宽了两校学子的文化视野。

5. 进行土楼建筑文化研习

华侨大学建筑学院一年级学生与马来西亚学子一同奔赴漳州南靖土楼进行认知研习,感受传统建筑的精妙。学子们在老师的解说中了解到土楼村落开辟过程的历史往事;参观并居住在土楼中,在工人师傅的指导下体验夯土建造过程,将课堂学到的内容有机地结合到实践中。置身于散发着厚重气息的土楼,艳阳高照的天气丝毫抵挡不住两校学子的学习热情。在专注美景之余,两校学子领悟到古人的智慧结晶,深感无论身处何处,都应保有一颗对传统文化的敬畏之心,在关怀自然与人文的同时,传承优良的历史文化同样也是每一个当代青年的责任。

6. 进行社会实践考察

通过走访与考察泉州、厦门等地,学子们不仅对闽南传统建筑的形式、规划、装饰、色彩等有了更加深刻的了解,还与当地的居民进行了充分的交流。

(三) 项目工作成效

1. 促进中马交流,响应"一带一路"倡议

马来西亚与"一带一路"渊源匪浅。几百年前,它就是古代海上丝绸之路的重要一站,郑和七下南洋五次驻节马六甲的故事在马来西亚家喻户晓,塑造了马来西亚人民对中国的正面历史认知。在21世纪的今天,中马关系也需要我们为之共同努力。中马大学生在项目开展期间,团结协作、齐心聚力,通过集中讲授、实地考察、友谊竞赛等方式促进了两国学子的交流,使马来西亚拉曼大学的学子对于中国的地域文化、建筑文化以及中国人的现代生活方式有了更深入的了解;也使华大学子对于马来西亚有了全新的认识。这对于促进"一带一路"倡议的发展有不容小觑的作用。

2. 加强文化交流,坚定文化自信

独特的文化传统、独特的历史命运、独特的基本国情,需要我们坚定文化自信。

文化自信是更基本、更深沉、更持久的力量,也是中国人的骨气和底气。

此次建筑营期间的中马大学生演讲比赛充分彰显了中华文化的独特魅力。党的十九大报告指出,"坚持创造性转化、创新性发展,不断铸就中华文化新辉煌",充分显示了我们党的文化自觉以及对传承发展中华优秀传统文化的使命担当。文化是民族的血脉,是人民的精神家园。中马学子发表的主题为"奋斗的青春最美丽"的演讲,用铿锵有力的语言诉说着自己对于未来的梦想;共同体验中国闽南地区的传统活动——"博饼",共话中秋,感受中华文化独一无二的理念、智慧、气度、神韵,也拓宽了两校学子的文化视野。

3. 理论实践结合,落实知行合一

一直以来,华侨大学致力于搭建实践育人平台,大力营造校园知行文化,使实践成为提升学生专业能力、培养综合素质的"练兵场"和"试金石"。党的十九大报告指出:"我们要增强学习本领,要营造善于学习、勇于实践的浓厚氛围。"学习要知行合一,学到的内容不能只停留在脑子里、停留在书本上,要去实践,以知促行、以行求知。习近平总书记也在2019年春季学期中央党校青年干部培训班开班式上发表重要讲话,强调"广大干部特别是年轻干部要……在知行合一中主动担当作为……要牢记空谈误国、实干兴邦的道理,坚持知行合一、真抓实干,做实干家"。作为一名建筑师,学习应该是全面的、系统的、富有探索精神的,既要向理论学习,也要向实践学习。建筑营为学生们构建了理论和实践相结合的平台,将课堂理论充分融入实践中,使两校学子能够做到原原本本和认认真真的学习,并能联系生活实际与专业现状进行深思与探索,并亲自参与执行;紧密结合两校的实际情况,融入现实社会和生活的教育,使学生们学会对人的尊重、对环境的尊重、对历史的尊重;进一步推进两校青年的素质教育,培养青年拥有理智的社会价值判断能力、健康的社会心态和高度的社会责任感。

4. 凝聚侨胞侨心,共筑复兴之梦

随着中国改革开放的深入推进,走向世界中心舞台,华侨华人在助力中国走出去、推动中外友好合作、构建人类命运共同体中发挥着重要的桥梁纽带作用,他们不仅遍布世界各地,而且人数众多、人才济济。十九大报告中强调"要广泛团结联系海外侨胞和归侨侨眷,共同致力于中华民族伟大复兴",充分说明了广大归侨侨眷和海外侨胞是全面建成小康社会,推动我国经济发展、科技进步、文化繁荣、社会和谐,实现中华民族伟大复兴中国梦的一支不可或缺的重要力量。

(四)项目推广计划

1. 工作思路

中国和马来西亚的青年是两国友好往来的希望,是中马文化交流的桥梁,所以中马双方都格外重视此次项目。该项目由学生自主设计方案,规划、管理交流行程,形成了前期广泛动员布置任务,中期组织规划、践行学习交流行程,后期展示交流、总结推广的活动体系。

2. 建设规划

在规划阶段,由建筑学院牵头进行活动策划安排。在华教处等职能部门的指导下,建筑学院多次开展筹备会议布置工作,召集学院骨干商议活动的主要思路与方向,思考确认项目的可行性与开展难度所在,落实分工;在学生中广泛招募志愿者,负责马来西亚学生在华的日常食宿、课程学习以及实地调研等;华教处等职能部门的老师参照外事纪律、国际交往工作要求对志愿者们进行了多次培训。力争为中马两校学子准备一个终生难忘的旅程。

3. 实施步骤

在具体实施阶段,根据前期的分工安排,各部门有序展开工作。

时间		项目
9.20		马来西亚方抵达厦门
9.21	上午	开营仪式
	下午	讲座
9.22	上午	讲座
	下午	建筑营工作坊
9.23		"一带一路"社会实践考察——泉州
9.24	上午	讲座
	下午	建筑营工作坊"博饼"活动
9.25		"一带一路"社会实践考察——厦门
9.26—9.27		土楼文化研习 "奋斗的青春最美丽"主题演讲比赛
9.28		"一带一路"社会实践考察——厦门鼓浪屿

续表

时间		项目
9.29	上午	讲座暨结业仪式
	下午	中马大学生互动交流

4. 思考与建议

海外华裔大学生—华侨大学建筑营目前还处于初级探索阶段,尽管取得了一定成效,但仍存在许多不足。今后,我们会根据实际情况,从以下几方面进行改进:

(1) 立足立德树人,拓展活动内容

立足"立德树人"的根本任务,是把中华优秀传统文化更加紧密地融入活动的每一层面,使两校学子在各个环节既能加强社会实践能力,又能塑造自身道德价值观。

(2) 融合多方资源,扩展学习交流领域

在今后的组织中,应该融合多方资源,充分发挥"侨"之优势,开展更多类别的活动。在推广中华传统建筑文化的同时,也要更大力度地宣传中国的新思想、新文化,既让学生们感受到中国传统文化的力量,也让他们体会到中国当代新文化的魅力。与此同时,可加强与其他学院的合作,将更多种类的文化纳入此项目中,使学生们在学习建筑文化之余也学习中国其他文化。此外,还可使该项目走出厦门,走出福建,这样才能拥有更为广泛的群体基础和可持续发展性。

(3) 加强宣传力度,扩大社会影响力

在此次项目开展中,虽然做了大量的宣传工作,但力度还不够。在今后的项目开展中,应加大力度对项目进行宣传,增加宣传方式,吸引更多人参与其中。

三、总结

回首过去,中马关系已悄然走过47年的光辉历程。展望未来,中马传统友好合作关系正站在新的历史起点,蓄势待发,扬帆启航。"志合者,不以山海为远",我们愿与马来西亚一道,继续扬起友谊的风帆,放飞合作的梦想,不断开辟两国关系发展的新愿景,不断通过交流将两国友好合作关系提升至新的高度。

青年创新创业需从百年党史中深刻领会党的思想与工作方法

中国共产党的历史是一部为中华民族的独立、解放、繁荣而不懈奋斗的历史，在建党100周年的重大节点上，青年一代作为祖国的前途、民族的希望，必须要学习读懂百年党的发展历史，只有这样才能以史明智，悟史担责。习近平总书记2021年2月20日在《党史学习教育动员大会上的讲话》中明确指出："我们党的历史就是我们党与人民心心相印、与人民同甘共苦、与人民团结奋斗的历史，一定要一块过、一块干，始终保持同人民群众的血肉联系。"这深刻表明，党的根基、血脉、力量在于人民，坚持群众路线是党的思想方法和工作方法的根本落脚点，关系着党的前途和命运。在这个历史性的伟大时刻，作为中坚力量的当代青年需从百年党史中领悟党的思想与工作方法，使其在学习、工作和创新创业过程中，能够使用有效的"武器"和"钥匙"以认识问题、分析问题和解决问题。

一、当代青年创新创业需从百年党史中深刻领会群众路线是党的工作方法的本质

1943年，毛泽东在《关于领导方法的若干问题》一文中首次对党的群众路线在实际工作中的运用进行了精辟概括，他指出："在我党的一切实际工作中，凡属正确的领导，必须是从群众中来，到群众中去"。1981年6月党的十一届六中全会通过的《关于建国以来党的若干历史问题的决议》根据改革开放实际，对党的群众路线再次作出更加全面的表述，"群众路线，就是一切为了群众，一切依靠群众，从群众中来，到群众中去"。2013年6月18日，习近平总书记对党的群众路线教育实践活动提出具体要求，即"开展党的群众路线教育实践活动，就是要把为民务实清廉的价值追求深深植根于全党同志的思想和行动中"。可以看到，一切为了群众、一切依靠群众，从群众中来、到群众中去的群众路线，是我们党始终坚持的根本工作路线和根本工作方法。当代青年要时刻践行好党的群众路线，做到从群众观念上看立场，从群众服务上看担当，从群众批评上看胸襟。这就需要当代青年在践行党的

群众路线过程中坚持发扬优良品德、为人正直,增强自身本领、善待他人,尤其要立足本职岗位做奉献,做到心中有人民、眼里有群众,真诚对待群众、爱护群众。

二、当代青年创新创业需从百年党史中深刻领会实事求是是党的思想方法的根本遵循

2013年12月26日,习近平在纪念毛泽东同志诞辰120周年座谈会上的讲话指出:"实事求是,是马克思主义的根本观点,是中国共产党人认识世界、改造世界的根本要求,是我们党的基本思想方法、工作方法、领导方法。不论过去、现在和将来,我们都要坚持一切从实际出发,理论联系实际,在实践中检验真理和发展真理。"当代青年在实践中必须坚持实事求是的思想方法。坚持实事求是就是一切从实际出发,一是要求青年客观、全面、深入地看问题,把客观存在的事物作为观察和处理问题的根本出发点;二是要求青年既要尊重规律,又要善于发现和运用规律,弘扬科学精神、坚持科学态度;三是要求青年深刻认识到实践是检验认识真理性的标准以及认识的目的,将理论与实际相联系,在实践中检验和发展真理。

三、当代青年创新创业需从百年党史中深刻领会辩证唯物主义认识论的工作方法

毛泽东革命战争年代写下的《反对本本主义》《实践论》《矛盾论》等著作,在社会主义建设时期写下的《论十大关系》《关于正确处理人民内部矛盾的问题》等著作,为我们党掌握和运用辩证唯物主义树立了光辉典范。邓小平强调,必须用实践来检验我们的工作,坚持"三个有利于"标准;必须坚持"两手抓、两手都要硬"、"摸着石头过河",处理好计划和市场、先富和共富等关系。习近平总书记要求我们提高辩证思维能力,把辩证思维与战略思维、历史思维、创新思维、底线思维统一起来,作为一个完整的思想方法和工作方法体系予以充分学习、把握和运用。因此,当代青年通过学习读懂百年党的发展历史,要在实践中坚持辩证唯物主义认识论,一是坚持调查研究,大胆设想,小心求证;二是坚持多谋善断与抓住机遇;三是重视总结经验教训,坚持中心工作与一般工作相结合。

四、当代青年创新创业需从百年党史中深刻领会调查研究是党的思想与工作方法的重要传家宝

1927年3月5日,毛泽东发表《湖南农民运动考察报告》,此文是为了答复当时

党内党外对于农民革命斗争的责难而写的。它是无产阶级及其政党领导农民革命斗争的纲领性文献,这些关于农村调查研究的具体实践、问题选择与行动倡导,在历史的紧要关头,为农民运动调查研究奠定了基础,为革命进一步指明了方向,推动了农村大革命运动的继续发展。习近平总书记非常重视调查研究,他曾形象地比喻道:"调查研究就像'十月怀胎',决策就像'一朝分娩'。调查研究的过程就是科学决策的过程,千万省略不得、马虎不得。"当代青年进行调查研究必须要"深入实际,一是深入群众,深入基层",善于与工人、农民、知识分子和社会各界人士交朋友;二是认识到进行调查研究必须"多层次、多方位、多渠道"地调查了解情况;三是在调查研究中要注重求真务实,方法要与时俱进,要制度化经常化。

总之,当年青年必须从百年党史中深刻领会党的思想与工作方法,使其在具体实践中得以有效运用。在学习、工作和创新创业中走群众路线,实事求是,深入调查研究,懂得利用辩证唯物主义认识论看待问题,主动沟通、知事识人、敢于负责、勇于担当。

第三章

建筑设计未来院所长创新创业教育研究

华侨大学建筑学院
2018"寻找城市价值"成渝建筑游学

华侨大学建筑学院
2017年12月29日

目 录

第一卷 项目发起
一、活动背景
二、游学的意义
三、活动地点
四、参与人员

第二卷 活动详情
一、感悟历史名建,追溯红色精神
二、深入名校名企,踏实求知求学
三、走进艺术天地,释放创想空间
四、探索名展名馆,走向设计前沿
五、探访历史建筑,追寻城市风貌
六、寻找现代建筑,发现时代印记

第三卷 活动筹备
一、时间安排表
二、调查进度和调查活动安排
三、路线与时间安排
四、物质准备及经费预算
五、住宿地点

第四卷 团队建设
一、团队基本资料
二、团队优势分析
三、团队成员分工
四、制度建设

第五卷 附录
附录一 活动章程
附录二 注意事项及安全措施
附录三 财务制度

第一卷　项目发起

一、活动背景

华侨大学建筑学院秉持培养具有综合素质的优秀建筑师的宗旨,坚持在教学和实践活动中构建"人·社会·环境"的科学教学理念,深刻地认识到,如要培养优秀的建筑才俊,不应拘泥于课堂书本,从校园走向实践、走向创新、走向历史名城寻找城市价值,是建筑院校当下应坚持的育人方向。纵观当下社会留学活动出现"费用昂贵、机构私营、质量堪忧"等现象,华侨大学建筑学院致力打造出一支由高校教师带队、学院与企业联合主办的高质量、高价值"寻找城市价值"游学团队,将课堂授课转化为多元实践,将建筑学子从校园引领至社会,将人才素质教育落实到实践。

二、游学的意义

1. 开阔眼界,扩展设计思维。对于建筑系的学生来说,进行建筑旅行是非常重要的,也是最快的学习建筑的方法。对于建筑师来说,需要不断有新的东西来冲击自己的思维方式和理解能力,才能时刻保持旺盛的创造力,而这种创造力就来自于我们日积月累的旅途记忆和对于身边感动的记录。太多的建筑大师的成长经历告诉我们,要想对于建筑有自己深刻的认识就必须进行建筑旅行,其中柯布西耶和安藤忠雄的成长经历是两个典型。

2. 制定更高的目标。通过游学过程中的见闻,激励自己的成长,获得不一样的感悟和体会,为自己制定更高的目标,明确自己的努力方向。

3. 通过游学,对企业有所了解,对毕业后的工作环境以及工作情况有一定的认识,为将来的就业打下一定的基础。

4. 参与者主要由学生干部组成,在活动过程中同吃同住同行,培养团队凝聚力,提升团队配合默契程度,为今后各项活动的开展打好基础。

三、活动地点

重庆：洪崖洞、磁器口古镇、解放碑、国泰艺术中心、歌乐山烈士陵园、渣滓洞、白公馆、鹅岭公园、鹅岭二厂、黄桷坪涂鸦艺术街、501艺术基地、重庆大学、重庆市城市规划馆、李子坝站、皇冠大扶梯、山城步道。

成都：基准方中建筑设计有限公司、大熊猫繁育基地、杜甫草堂、西村大院、成都来福士广场、iBox爱盒子创意空间、天府广场、春熙路、锦里。

四、参与人员

教师：高炳亮、欧海锋、谭磊、任明娟、姜晓琪、申晓辉、彭晋源（只参加成都行程）

兼职辅导员：王娟、陈晓蝶。

团委学生会：罗雨晨、丁思齐、郑卉妍、郑苒琦、胡颖、林可楦、张逸群、孙百灵、谢真真、代喜成、梁栋颖、何炜聪、陈美雯、陈博诗、田浩舸、覃勤兵、王英杰、王萍茹、陈晓丹、林秋、李泓明、王绍林、杨颐林、吴斯钰、于安邦、梁晨、李斌、高翔。

党支部：杨艺、章寒、苏雅莉。

第二卷 活动详情

一、感悟历史名建,追溯红色精神

地点1:歌乐山烈士陵园

歌乐山革命烈士陵园由白公馆监狱旧址、渣滓洞监狱旧址、中美合作所总办公室旧址、松林坡大屠杀尸坑遗址、"11·27"烈士公墓等组成,1999年建成红岩魂广场。

地点2:渣滓洞

渣滓洞原是重庆郊外的一个小煤窑,因渣多煤少而得名。渣滓洞三面是山,一面是沟,位置较隐蔽。1939年,国民党军统特务逼死矿主,霸占煤窑,在此设立了监狱。这里关押过的烈士比较著名的就是"江姐"。

地点3:白公馆

白公馆位于重庆市沙坪坝区歌乐山,是一处缅怀英烈的革命遗迹,原为四川军阀白驹的郊外别墅,白驹自诩是白居易的后代,借用白居易别号"香山居士",把别墅取名为"香山别墅"。1939年,军统特务头子戴笠用重金将它买下,改造为迫害革命者的监狱。

二、深入名校名企,踏实求知求学

地点:基准方中建筑设计有限公司

基准方中建筑设计有限公司,是中西部领先、全国一流的大型综合建筑设计服务企业。公司业务范围包括咨询顾问、规划设计、建筑设计、工程设计、环境景观设计、EPC(设计施工总承包)、BIM、绿色建筑设计和建筑产业化等,涵盖居住、商业办公、酒店、文化教育、体育、医疗等不同建筑类型。

三、走进艺术天地,释放创想空间

地点1:鹅岭二厂

重庆印制二厂的前身是民国中央银行印钞厂,之后更名为重庆印制二厂。2012年,印制二厂整体搬迁,原本的旧厂房保存了下来,在重庆市政府和来自英国的设计师共同合作下被改造成了一座充满工业和文艺气息的文创产业公园。

地点2:501艺术基地

重庆501艺术基地是重庆市"文化产业专项资金"扶持项目,是重庆市创意办首批授牌的"重庆市创意产业基地"。其以优惠政策吸引艺术家入驻,已有四川美术学院70余名中青年艺术家在此建立了工作室,涵盖油画、国画、雕塑、服装设计等多种艺术门类,并设有一家非营利的当代美术馆和一家艺术沙龙。

地点3:西村大院

西村大院是成都西村创意产业园的第三期工程,也是成都西村体量最大、业态最丰富的部分,定位于以大院办公和特色文化商业为核心的创意生活集群。秉承"传统元素的当代表达"建筑理念,大院呈C形半围合布局。通过藻井、天井和林盘景观等传统建筑元素与大院的有机融合,让传统文化、四川地域特色与未来感在这里和谐统一,使得"村民"在获得极大空间自由的同时,充分享受工作、生活相融的乐趣,在繁杂的城市中探寻心灵的归属。

四、探索名展名馆,走向设计前沿

地点1:重庆城市规划展览馆

重庆市规划展览馆位于长江、嘉陵江交汇处的朝天门广场,是国家AAAA级旅游景区、全国青少年教育基地、全国科普教育基地。其向重庆人民乃至世人展示了重庆城市规划建设发展的成就,让市民知晓城市规划,参与城市规划,架起了市政府与市民间的沟通桥梁。

地点2:国泰艺术中心

国泰艺术中心由国泰大戏院和重庆美术馆组成,2006年9月正式定名为国泰艺术中心。其基本功能定位为"依托商业中心,面向文化市场,服务大众需求"。国泰艺术中心与商业、文化广场结合,将重整渝中半岛城市整体形象的新秩序,是推动国际文化交流的重要场所。

五、探访历史建筑,追寻城市风貌

地点1:山城步道

重庆,自古走出了多条盘山的"步道"。如今的步道维护和保持了老山城的行走爬山的本色,并增加了现代元素,将历史文化与现代景观、健身、观光串联在一起,形成重庆的地方特色和旅游观光品牌。

地点2：洪崖洞

洪崖洞是逛山城老街、观赏两江风光、品尝当地美食的好去处。其由纸盐河酒吧街、天成巷巴渝风情街、盛宴美食街及异域风情城市阳台四部分组成。以最具巴渝传统建筑特色的吊脚楼为主体，依山就势，夜晚时候灯火通明，堪称山城一景。

地点3：锦里

传说中锦里曾是西蜀历史上最古老、最具商业气息的街道之一，早在秦汉、三国时期便闻名全国。其以三国文化与成都民宿作为内涵，集旅游购物、休闲娱乐为一体，是体验三国文化与成都民宿的魅力街区。

六、寻找现代建筑，发现时代印记

地点1：远洋太古里

太古里在成都让一个依托于大慈寺的老街区焕发青春，古朴与潮流、文化与商业美妙结合。这么大一块地方，能够舍得不建任何高层建筑，地面最多是两层楼的建筑，且相互独立，让人置身其间非常轻松，毫无压力。地面上保留了大慈寺，还有广东会馆的老建筑，地下还引入了方所书店。无论是逛是吃，还是仅仅来品味一下慢生活，都令人无比惬意。

地点2：成都来福士广场

成都来福士广场继续传承来福士"城中之城"的概念，以丰富全面的业态、低碳环保的建筑理念、特立独行的设计风格、富有文化历史底蕴的设计概念亮相蓉城，为蓉城再添潮流砝码。购物中心的体量并不大，但是却做出了很多的精彩，最出色的是交通系统，超出了同层和垂直交通的范畴，做到了立体化，从户外的步梯可以缓步走到楼顶广场，广场又有两个出口，一方面连接了平台之上的特色饭店，另一方面和购物中心的三楼进行对接，室内外完美结合。

第三卷　活动筹备

一、时间安排表

阶段	时间	事项	负责人
方案筹备	12.28	购买动车票	丁思齐
	1.2—1.9	召开全员会议部署工作	丁思齐
		行程细化落实,与各地点洽谈联系向导	
		联系确定包车方案	罗雨晨
		联系确定住宿地点	
		预计所需物资	郑苒琦
		制作经费预算表,预支经费	
		宣传方案初步构想	郑卉妍
		宣传用品设计完成	
资料整理	1.10—1.16	收集各地点详细图文资料并整理作为成果初稿	郑苒琦
		返程信息汇总完成	
		宣传方案制定完成(拍照方案、视频脚本、推送模版等)	郑卉妍
		召开全员会议汇报进度(视考试时间而定)	丁思齐
	1.17—1.21	制作完成行程手册	郑卉妍
		筹备出征仪式暨行前分享会	罗雨晨
		制作完成推送初稿	郑卉妍
行前准备	1.22	召开出征仪式暨行前分享会	罗雨晨
		物资整理分发	郑卉妍
	1.23—1.25	缓冲期,行前准备	
游学进行	1.26—2.1	赴重庆进行游学活动	丁思齐
返程	2.1—2.4	解散并回家	

续表

阶段	时间	事项	负责人
成果整理	2.4—3.5	剪辑视频并推送	郑卉妍
		过程照片整理和文字资料撰写	
		制作宣传册	

二、调查进度和调查活动安排

1. 策划阶段(12月下旬)

活动的发起。

明确活动的意义。

活动的策划与组织。

具体分工的明确。

参与人员的报名与选拔。

2. 初期准备(1月上旬)

行程路线的完善。

做好酒店以及车票的预订。

3. 出发准备(1月中旬)

购齐基本药品、基本器材和资料,比如照相机、问卷调查表、宣传单、纪念品、食物。

做好安全教育,提高队员安全防范意识,与当地人们和谐相处。出发前检查好各自所需。

4. 实地调查阶段(1月下旬)

前往重庆,开始为期五天五夜的游学。

三、路线与时间安排

时间安排:1月26日—2月1日。

出发时间:1月26日,厦门北到重庆北。

返程时间:2月1日,成都解散,各回各家。

日期	时间	行程	负责人	联系电话
1.26 周五	7:39	D2232 厦门北—重庆北	胡颖	××××××××××
1.27 周六	上午	城市规划展览馆 国泰艺术中心 解放碑步行街 鹅岭公园	郑卉妍	××××××××××
	下午	鹅岭二厂 李子坝地铁站 洪崖洞 聚餐		
1.28 周日	上午	501艺术基地 黄桷坪涂鸦艺术街	杨艺	××××××××××
	下午	歌乐山烈士陵园 渣滓洞 白公馆 磁器口古镇		
1.29 周一	上午	山城步道 朝天门广场	罗雨晨	××××××××××
	下午	人民大礼堂 中山四路		
	19:04	重庆北—成都东		
1.30 周二	上午	成都基准方中建筑设计有限公司	丁思齐	××××××××××
	下午	成都万象城 成都IFS 太古里		
1.31 周三	上午	大熊猫繁育基地 西村大院	郑苒琦	××××××××××
	下午	杜甫草堂 锦里		
2.1 周四	上午	在旅社就地解散	孙百灵	××××××××××

四、物质准备及经费预算

2018"寻找城市价值"成渝建筑游学经费预算

分类		明细	数量	单价（元）	合计（元）	说明	资金来源（暂定）
学生	交通类	动车（厦门北—重庆北）	31	575	17 825		工程实践教育中心
		动车（重庆北—成都东）	31	96.5	2 991.5		
		动车（成都东—重庆北）	10	96.5	965	10人已购重庆出发返程票，丁思齐、郑卉妍、郑莘琦、梁晨、梁栋颖、田浩舸、于安邦、何炜聪、李泓明、章寒	
		机票退票费	1	1 140	1 140	林秋和陈晓丹每人450元,覃勤兵240元	工程实践教育中心
		包车费	1	8 000	8 000	华大—厦门北、重庆3天，成都2天	基准方中
	住宿类	住宿费（重庆）	31	150	4 650	每人每天50元×3天＝150元,1.26—1.29	基准方中
		住宿费（重庆）	31	150	4 650	每人每天50元×3天＝150元,1.29—2.1	
	门票类	重庆城市规划展览馆	31	5	155		
		大熊猫繁育基地	31	29	899	全票58元/人,学生证半价29元/人	
		杜甫草堂	31	30	930	全票60元/人,学生证半价30元/人	
	餐饮类	聚餐	31	60	1 860	火锅,以人均60元计算	
	保险类	旅游意外保险	31	30	930		工程实践教育中心
	药品类	创可贴	10	0.5	5		工程实践教育中心
		感冒药	3	10	30	999感冒灵	
		肠胃药	3	15	45	黄连素、氟哌酸、保济丸	
		晕车药	2	5	10	乘晕宁	
	宣传类	围巾	60	30	1 800		工程实践教育中心
		胸章	60	2	120		
		礼品袋	60	2	120		
	合计				47 125.5		

续表

	分类	明细	数量	单价（元）	合计（元）	说明	资金来源（暂定）
教师	交通类	往返机票	7	2 700	18 900	教师7人	基准方中
			2	1 200	2 400	辅助教学2人	
	住宿类	住宿费	9	600	5 400	每人每天100元×6天=600元	工程实践教育中心
	保险类	旅游意外保险	9	30	270		
	门票类	重庆城市规划展览馆	9	5	45		
		大熊猫繁育基地	9	58	522		
		杜甫草堂	9	60	540		
	餐饮类	聚餐	9	60	540	火锅，以人均60元计算	
	合计				28 617		
进账	补贴	教师补贴	7	1 260	7 740	每人每天180元×6天=1080元（其中1人是7天）	

五、住宿地点

在确定走访单位后，按照时间安排及流程，事先联系相关单位，确定走访时间以及对接人员，大致确定走访流程。

单位	联系电话
重庆瓦舍国际青年旅舍	××××××××××
重庆难得有空国际青年旅舍	××××××××××

第四卷 团队建设

一、团队基本资料

1. 教师：高炳亮、欧海锋、谭磊、任明娟、姜晓琪、申晓辉、彭晋源。
2. 兼职辅导员：王娟、陈晓蝶。
3. 团委学生会：罗雨晨、丁思齐、郑卉妍、郑苒琦、胡颖、林可楦、张逸群、孙百灵、谢真真、代喜成、梁栋颖、何炜聪、陈美雯、陈博诗、田浩舸、覃勤兵、王英杰、王萍茹、陈晓丹、林秋、李泓明、王绍林、杨颐林、吴斯钰、于安邦、梁晨、李斌、高翔。
4. 党支部：杨艺、章寒、苏雅莉。

二、团队优势分析

团队由本科生 31 人，兼职辅导员 2 人，教师 7 人组成。

团队中多位成员曾经参加上海的游学项目，对于游学有着较为深入的理解，有足够的经验，能够保证调研的较高质量。

团队由建筑学院优秀学生组成，他们各有所长，有较强的责任心，并且相互了解，配合默契，可以保证本次游学活动的效率。

本团队成员已经通过互联网、书籍、报纸等对游学地点有一定的了解，并且对于本次活动的流程有明确的了解，路线清晰，目的性强，能够保证活动的顺利高效进行。

团队部分成员在宣传方面有较为丰富的经验，能够保证本次活动的宣传力度。

团队成员有很强的组织策划能力，多人在学生会及团委担任重要工作，有很多社会实践经验，为活动的出色完成奠定了基础。

指导老师有多次带队调研经验，经验丰富且领导能力强，可以给学生提出创造性的建议。

三、团队成员分工

成员职责及联系方式

主要任务	负责人	成员	联系方式	工作说明
相关物资准备及携带	林可楦	林可楦	×××××××××	包括队旗、帽子、奖牌制作等
		陈博诗		
		梁栋颖		
		杨颐林		
行程修改及补充	胡颖	胡颖	×××××××××	行程修改,分享会后整理景点信息,制成册
		陈美雯		
		梁晨		
出征仪式暨分享会筹备	于安邦	于安邦	×××××××××	出发前安排分组及景点分享汇报
		田浩舸		
		张逸群		
车票预订	孙百灵	孙百灵	×××××××××	往返车票预订及返程信息汇总
		王萍茹		
		王英杰		
酒店预订	王绍林	王绍林	×××××××××	住宿酒店预订及办理入住
		吴斯钰		
		何炜聪		
安全管理	代喜成	代喜成	×××××××××	安全保障及返程确认,保险购买
		高翔		
财务管理	王萍茹	王萍茹	×××××××××	行程中各项支出发票收集及报销
		孙百灵		
宣传管理	林秋	林秋	×××××××××	宣传品制作,摄像及视频制作
		李泓明		
新闻宣传	陈晓丹	陈晓丹	×××××××××	行程前后新闻稿撰写及投稿发表
		谢真真		
		李斌		

续表

主要任务	负责人	成员	联系方式	工作说明
餐饮管理	梁晨	梁晨	××××××××××	安排各餐就餐地点,整理美食攻略
		覃勤兵		
		高翔		

2018 成渝游学成员分组名单

	组员姓名	联系方式	负责景点	备注
A组	梁晨	××××××××××	城市规划展览馆	
	孙百灵	××××××××××	国泰艺术中心	
	田浩舸	××××××××××	解放碑步行街	
	谢真真	××××××××××	鹅岭公园	
	梁栋颖	××××××××××	鹅岭二厂	
	郑卉妍	××××××××××	洪崖洞	
B组	杨艺	××××××××××	磁器口古镇	
	章寒	××××××××××	歌乐山烈士园	
	王绍林	××××××××××	渣滓洞	
	代喜成	××××××××××	白公馆	
	吴斯钰	××××××××××	501艺术基地	
	苏雅莉	××××××××××	涂鸦一条街	
C组	于安邦	××××××××××	中山四路	
	何炜聪	××××××××××	人民大礼堂	
	高翔	××××××××××	三峡博物馆	
	李泓明	××××××××××	山城步道	
	陈美雯	××××××××××	皇冠大扶梯	
	王萍茹	××××××××××	19:04 重庆北—成都东	
	罗雨晨	××××××××××		

续表

	组员姓名	联系方式	负责景点	备注
D组	胡颖	××××××××××	天府广场	
	杨颐林	××××××××××	iBox爱盒子创意空间	
	李斌	××××××××××	太古里	
	林可楦	××××××××××	春熙路	
	张逸群	××××××××××	基准方中建筑设计有限公司	
	丁思齐	××××××××××	聚餐	
E组	林秋	××××××××××	大熊猫繁育基地	
	陈博诗	××××××××××	杜甫草堂	
	王英杰	××××××××××	锦里	
	陈晓丹	××××××××××	西村大院	
	覃勤兵	××××××××××	来福士广场	
	郑苒琦	××××××××××		

四、制度建设

举止文明，谦恭有礼，态度热情，诚实守信，遇事忍让，沉着果断，工作方法得当，充分展现当代大学生的素质。

决策过程采用民主方法，团队各项事务由集体讨论决定，杜绝个人主义。

团队成员应积极对实践活动提出自己的见解和看法。

分工明确，认真完成各项任务，追求效率。（由队长负责，每晚对当天工作进行总结，并对第二天工作进行部署。负责人负责安排集体成员的住宿和饮食，若有个人外出情况要先征得团队负责人同意。）

每个队员都要明确树立安全第一的意识，有集体意识和团队精神，认真服从组织的安排，积极配合队里开展活动，完成好队里交付的实践任务。

活动期间，定期与家人联系，报平安。

队员之间要坦诚以待，互帮互助，建立和谐团队。原则上，个人物资由自己全面细致思考后备齐，但成员之间必须互帮互助，团结一心。

各队员要坚持合理使用经费的原则，发扬艰苦朴素精神。

第五卷 附录

附录一

活动章程

一、为了规范本队的组织和纪律，提高实践活动效率，圆满完成任务，特制定本章程。

二、为了响应当今大学生走出校园积极实践的号召，由各年级专业的本科生及研究生组成本队伍，即将在重庆、成都展开游学活动。

三、本队的活动宗旨是提高实践水平，丰富社会实践经验。

四、本活动坚持"安全第一"的原则，实践过程中我们会始终把安全问题放在首位。

五、本队实行队长领导下的民主集中制，坚持少数服从多数的原则，重大的安排将由全体队员讨论通过。队长负责统一协调，享有最终决定权，并且对其决定全权负责。

六、在日常实践活动中，队员必须服从统一安排，不得擅自行动，遇到特殊情况必须向队长和老师请假。违反者，全队通报批评。

七、本队队员每天晚上召开交流会，队员必须准时到会，不得迟到。

八、本队队员务必认真完成当天分配的任务，保证活动的质量和效率。

九、本队实行严格的财政纪律。所有经费开支由一人管理；报销必须有实际凭证和至少一人作证。

十、队员之间要平等互助，团结友爱，同心协力，以保证整个小分队的凝聚力。

十一、队员在实践活动中必须规范言语举止，尊重调查对象，对外要维持华侨大学及整个实践团队的良好声誉和形象。

十二、本章程自实践活动开始之日起生效，至活动结束之日起停止实施。

本章程的解释权归队长所有。

附录二

注意事项及安全措施

一、活动要求

队员必须团结协作，服从集体，有事向队长请假。活动期间须佩戴统一的标志，树立良好形象。尊重当地群众及其生活习俗，在调查过程中要有礼貌，活动结束后主动致谢。每个队员都要配备并认真书写自己的活动日记，每天晚上交流心得。活动过程中队员不许擅自离队，否则予以处分。为了展现当代大学生的风貌，积极树立华大学子的形象，每天 7:00 起床，做好当天活动的准备。活动结束后，应通知实践地，衷心感谢他们所提供的帮助和配合，并将实践成果留给他们一份。

二、安全措施

人身安全：出发前，统计所有队员的联系方式，做到人手一份，以便互相联系，或紧急情况下的及时沟通。活动中，正副队长要 24 小时手机开机；定时定期向指导老师汇报情况。尽量做到集体活动，不要分散。

财务安全：出发前，对贵重财物进行统计，如笔记本电脑、数码相机等。活动中由专人负责看管，每天的活动结束后再进行汇总。财物开支状况要经过严格预算，尽量节俭，由专人负责记账。队员的私人财物由本人负责，并设安全人员每天巡视看管。

三、应急预案

出发前要准备必要的药品。活动中乘车转车不可避免，因此晕车药也必不可少。如遇重大突发事件，领队要及时与指导老师汇报，和当地校方负责人等联系。

附录三

财务制度

为了使此次游学活动经费得到合理有序的使用,活动开展得更为顺利,特制定以下财务制度:

1. 活动经费使用前必须征得带队老师或队长同意,且使用时必须在经费管理负责人处登记。

2. 经费报销必须持全国统一发票(带全国统一监制章),发票背后用黑色钢笔或水笔注明经费使用目的、使用人姓名、时间。

3. 经费报销于经费使用当天晚上统一在经费管理负责人处进行,并签名以示领取。

4. 涉及活动统一支出,如车票、门票、住宿费等,由带队老师或经费负责人直接支付。

5. 活动经费使用应合理,尽量节约经费,以备后期制作。

6. 活动期间,如遇到特殊情况需超额使用经费,必须事前向带队老师或队长说明情况,经同意后使用经费才可报销。

华侨大学建筑学院
2017 年 12 月 29 日

华侨大学建筑学院
2019"寻找城市价值 助力乡村振兴"
杭州建筑游学

华侨大学建筑学院
2018 年 12 月 17 日

目 录

第一卷　项目发起
　　一、活动背景
　　二、游学的意义
　　三、活动地点
　　四、参与人员

第二卷　活动详情
　　一、植根乡土文明，共筑乡村振兴
　　二、深入名校名企，踏实求知求学
　　三、走进艺术天地，释放创想空间
　　四、探索名展名馆，走向设计前沿
　　五、探访时代建筑，感受城市风貌

第三卷　活动筹备
　　一、时间安排表
　　二、调查进度和调查活动安排
　　三、路线与时间安排
　　四、物质准备及经费预算
　　五、住宿地点

第四卷　团队建设
　　一、团队基本资料
　　二、团队优势分析
　　三、团队成员分工
　　四、制度建设

第五卷　附录
　　附录一　活动章程
　　附录二　注意事项及安全措施
　　附录三　财务制度

第一卷 项目发起

一、活动背景

华侨大学建筑学院秉持培养具有综合素质的优秀建筑师的宗旨,坚持在教学和实践活动中构建"人·社会·环境"的科学教学理念,深刻地认识到,如要培养优秀的建筑才俊,不应拘泥于课堂书本,从校园走向实践、走向创新、走向历史名城寻找城市价值,是建筑院校当下应坚持的育人方向。纵观当下社会留学活动出现"费用昂贵、机构私营、质量堪忧"等现象,华侨大学建筑学院致力打造出一支由高校教师带队、学院与企业联合主办的高质量、高价值"寻找城市价值"游学团队,将课堂授课转化为多元实践,将建筑学子从校园引领至社会,将人才素质教育落实到实践。

二、游学的意义

1. 开阔眼界,扩展设计思维。对于建筑系的学生来说,进行建筑旅行是非常重要的,也是最快的学习建筑的方法。对于建筑师来说,需要不断有新的东西来冲击自己的思维方式和理解能力,才能时刻保持着旺盛的创造力,而这种创造力就来自于我们日积月累的旅途记忆和对于身边感动的记录。太多的建筑大师的成长经历告诉我们,要想对于建筑有自己深刻的认识就必须进行建筑旅行,其中柯布西耶和安藤忠雄的成长经历是两个典型。

2. 制定更高的目标。通过游学过程中的见闻,激励自己的成长,获得不一样的感悟和体会,为自己制定更高的目标,明确自己的努力方向。

3. 通过游学,对企业有所了解,对毕业后的工作环境以及工作情况有一定的认识,为将来的就业打下一定的基础。

4. 参与者主要由学生干部组成,在活动过程中同吃同住同行,培养团队凝聚力,提升团队配合默契程度,为今后各项活动的开展打好基础。

三、活动地点

杭州：绿城建筑设计有限公司、西溪国家湿地公园、杭州市城市规划展览馆、阿里巴巴总部、小河直街街区、富阳规划展示馆、良渚文化村、桐庐、东梓关村、梦想小镇、中国美院象山校区。

四、参与人员

教师：高炳亮、吴少峰、张恒、吕韶东(外聘福建省勘察设计大师)、柯晓蕾、姜晓琪。

团委学生会：胡颖、梁晨、杨颐林、陈美雯、黄婷婷、魏晓雪、梁超娅、刘策、刘凤若、陈周涵、郑丽珊、郑莹莹、高翔、宋怡、闫丛笑、刘煜林、欧阳婷姗、陈文悦、黄锋杰、李鑫、金慧琳、冯光明、吴承超、蔡思鸣、吴昕怡、刘舒婷、李锐鹏、吴霞、黄楚涵、张政。

党支部：张世斌、陈镭内。

研究生：李荣城、杨佳明。

第二卷 活动详情

一、植根乡土文明,共筑乡村振兴

地点1:东梓关村

实施乡村振兴战略,在党的十九大报告中被正式提出。报告将之列入决胜全面建成小康社会需要坚定实施的七大战略之一。党的十九大以来,习近平总书记多次提及乡村振兴战略,从不同层面对推动这一重要战略的落实提出具体要求。作为乡村振兴的重要维度和关键环节,浙江生态文明建设取得举国瞩目的成功经验。

东梓关村,地理位置独特,面临富春江,背靠小山群,文化底蕴深厚,因郁达夫同名小说而闻名,是两府、两县、两镇的中心点。其水陆交通十分便捷,区位优势明显,居住环境较为优越。村内有近百座明清古建筑,不少是精品;它还是古代著名水上关隘,存有不少颇有开发价值的历史古迹,如"官船埠"遗迹、"越石庙"、古驿道。2017年,东梓关村因改造而突然爆红,作为杭州美丽乡村代表,是杭州乡村振兴工作的重要一环。

地点2:桐庐

桐庐隶属浙江省杭州市,地处钱塘江中游,富春江斜贯县境,先后荣获国际休闲乡村示范区、中国最美县、国家级生态县、国家养生保健基地、中国优秀旅游名县、中国长寿之乡、中国人居环境范例奖等殊荣。"中国画城 潇洒桐庐"城市品牌的知名度、美誉度和影响力不断提升。自2003年起,浙江省启动实施"千村示范万村整治"和美丽乡村建设工程,整治农村环境。桐庐县按照浙江省和杭州市的统一部署,大胆探索,先行先试,走在了浙江乃至全国的前列,先后被确定为全国生态文明试点示范区、杭州市城乡统筹示范试验区,先后荣获"浙江省美丽乡村创建先进县""中国魅力新农村十佳县市"称号,富春江镇、环溪村入选浙江省首批最美乡村。2013年10月,全国改善农村人居环境工作会议在桐庐县召开。

二、深入名校名企,踏实求知求学

地点1:绿城建筑设计有限公司

GAD建筑设计创建于1997年,发展至今已拥有各类专业设计人员1000余人,具有建筑行业建筑工程甲级资质,是集建筑工程设计、工程技术咨询及服务于一体的综合型设计机构。项目涵盖住宅、写字楼、酒店、科研、大专院校、商业、城市综合体等,并相继在杭州、上海、青岛、厦门、重庆成立了设计公司。GAD致力于将客户的商业价值和设计师的建筑理想完美结合,以精致的设计风格和充满人文关怀的设计思想,成为现代中国建筑设计的品牌设计企业。

地点2:阿里巴巴总部

阿里巴巴是中国主要的网络商业公司,具有世界最大的网上在线市场。杭州阿里巴巴总部建立了新的国际化工作园区,这是一个建筑面积15万平方米校园风格的开放式办公空间,容纳了近9000名阿里巴巴职员。新总部总平面规划的设计原则是基于一种联系性、清晰感与社区感的概念,这也是阿里巴巴企业的重要核心。这个原则对从单体设计到更大的群体空间设计都作出了指导。经过HASSELL建筑师、室内设计师、景观设计师等多学科团队的合作,园区主要布局为一簇4~7层不等的建筑共同围绕一个中央开放空间。

地点3:中国美术学院

中国美术学院的前身是国立艺术院。1928年,时任大学院院长的蔡元培先生择址杭州西子湖畔,创立了中国第一所综合性的国立高等艺术学府——国立艺术院,揭开了中国高等美术教育的篇章。作为国内学科最完备、规模最齐整的第一所国立高等美术院校,中国美术学院始终交叠着两条明晰的学术脉络,一条是以首任校长林风眠为代表的"中西融合"的思想,一条是以潘天寿为代表的"传统出新"的思想,他们以学术为公器,互相砥砺,并行不悖,营造了利于艺术锐意出新、人文健康发展的宽松环境,这也成为这所学校最为重要的传统和特征。

三、走进艺术天地,释放创想空间

地点:良渚文化村

良渚文化艺术中心

日本建筑大师安藤忠雄设计的良渚文化艺术中心位于中国杭州良渚文化村,这是一个结合生态、观光与人文艺术的大型住宅村落计划。建筑室内分为展示栋、教育栋及有图书馆的文化栋,一并被覆盖在巨大屋顶下,这也是中心被村民昵称为"大屋顶"的由来。这位具有传奇性的现代建筑设计大师,凭借独特的清水混凝土应用,抽象化的光、水、风,引发风潮。而良渚文化艺术中心将安藤忠雄脑海中对建筑的这些美好一一呈现。

良渚博物馆

良渚博物馆收藏了一些有关良渚文化的考古发现,建筑本身的特点是跟整个公园的融合,而整个公园的特点是水。博物馆建造在一个人造的地形上,而这块人造地形也经过了人为的雕塑,专为访客规划了一条景观通道和步行途径,对于交通工具则另辟了一条桥梁式通道直通停车场和入口的庭院。博物馆由四个建筑体构成,四个建筑体的边长同为 18 米,高度错落,形成一种建筑中独有的雕塑形式。沟通四个建筑体的是一个景观庭院,这里同时也是整个博物馆的动线起始点。博物馆的动线在设计上蜿蜒曲折,在蜿蜒之间通过一些景观空间进行衔接。博物馆的环境设计则尽量融入水的元素中,而整个氛围则力求融入周边环境和整个公园中。

美丽洲堂

美丽洲堂不仅融入环境,也很好地为社区生活服务。其由 TDS 倾力设计,业主是浙江万科。这个教堂在为宗教服务的同时,也为周边社区服务。教堂力求融入自然的环境当中,不仅重视功能和用户体验,还选择了低碳材料,最大限度降低了对环境的影响。同中国建筑相比,这个建筑显得相当日系。

四、探索名展名馆,走向设计前沿

地点 1:杭州市城市规划展览馆

杭州市城市规划展览馆以"规划构筑品质生活"为展示主题,定位为亲民、互动、前瞻的"城市窗口"。展馆共分四层,除序厅外,陈列分为"印象杭州""解读杭州"和"展望杭州"三个展厅,设置城市记忆、名城保护、山水之城、蓝图总绘、和谐人居、品质服务、通达出行、基础命脉、亮点前瞻、城市立方、网络都市等主题展区,主要介绍杭州古都文化名城的悠久历史,宣传当今城市规划建设的伟大成就,展示生活品质之城的灿烂明天。杭州市城市规划展览馆不仅是展示杭州城市形象的一个重要窗口,也是海内外专家、学者开展学术交流的平台,市民参与城市规划的廊道。

地点 2:梦想小镇

梦想小镇坐落在余杭区仓前街道,占地面积约 3 平方公里,于 2014 年 9 月正式启动建设。梦想小镇涵盖了互联网创业小镇和天使小镇两大内容。2018 年 5 月 24 日,梦想小镇入选最美特色小镇 50 强。

五、探访时代建筑,感受城市风貌

地点1:小河直街街区

小河直街历史文化街区位于杭州市北部,地处京杭大运河、小河、余杭塘河三河交汇处。小河直街历史文化街区以小河直街为中心,沿运河、小河分布的民居和航运设施整体风貌和空间特征仍基本保存,具有一定的规模,在杭州市历史文化街区中属于整体传统风貌较为完整的街区之一。街区真实地反映了清末、民国初年运河沿线下层人民的生活环境,保留着一定数量的历史建筑,其建筑特色、街巷风貌、运河航运遗迹仍然保留着独特的风貌。自宋代以来,这一区域一直是运河沿线的重要区域,经过民国年间的繁荣后留下的历史遗迹类型众多,历史文化内涵较为丰富多样。小河直街也曾经是晚清时期的320国道。小河直街历史文化街区是集中反映清末民国初期城市平民居住生活文化、生产劳动文化和运河航运文化的重要历史文化街区之一,是一条以保持传统居住商住功能为主,延续杭州地方传统特色文化和展示运河航运文化,集商住、居住、休闲功能于一体的历史文化街区。

地点2:西溪国家湿地公园

西溪湿地是杭州绿地生态系统的重要组成部分。湿地能够调节大气环境,湿地内丰富的动植物群落,能够吸收大量的二氧化碳,并放出氧气;同时它还能吸收有害气体,达到净化空气的作用,缓解城市空气污染,为城市提供了充足的水源和良好的气候条件。

西溪湿地还是一个典型的多样化生态系统。湿地复杂多样的植物群落,为野生动物提供了良好的栖息地,是鸟类、两栖类动物繁殖、栖息、迁徙、越冬的场所,对于提高城市物种多样性有重要的作用。

第三卷　活动筹备

一、时间安排表

阶段	时间	事项	负责人
方案筹备	12.21	购买动车票	杨颐林
	12.15－1.2	召开全员会议部署工作	胡颖
		行程细化落实，各组与各地点洽谈联系向导	
		制作经费预算表，预支经费	
		联系确定包车方案	杨颐林
		预计所需物资	杨颐林
		联系确定住宿地点	
		宣传方案初步构想	梁晨
资料整理	1.3－1.9	返程信息汇总完成	杨颐林
		宣传用品设计完成	梁晨
		宣传方案制定完成（拍照方案、视频脚本、推送模版等）	
		收集各地点详细图文资料并整理	胡颖
		召开全员会议汇报进度（视考试时间而定）	
	1.10－1.15	制作完成行程手册	梁晨
		筹备出征仪式暨行前分享会	梁晨
		制作完成推送初稿	梁晨
行前准备	1.16	召开出征仪式暨行前分享会	杨颐林
		物资整理分发	杨颐林
	1.17－1.18	缓冲期，行前准备	胡颖
游学进行	1.19－1.24	赴杭州进行游学活动	
返程	1.24	解散并回家	胡颖

续表

阶段	时间	事项	负责人
成果整理	1.24—3.5	剪辑视频并推送	梁晨
		过程照片整理和文字资料撰写	
		制作宣传册	

二、调查进度和调查活动安排

1. 策划阶段(12月下旬)

活动的发起。

明确活动的意义。

活动的策划与组织。

具体分工的明确。

参与人员的报名与选拔。

2. 初期准备(1月上旬)

行程路线的完善。

做好酒店以及车票的预订。

3. 出发准备(1月中旬)

购齐基本药品、基本器材和资料,比如照相机、问卷调查表、宣传单、纪念品、食物。

做好安全教育,提高队员安全防范意识,与当地人们和谐相处。出发前检查好各自所需。

4. 实地调查阶段(1月下旬)

前往杭州,开始为期五天五夜的游学。

三、路线与时间安排

时间安排:1月19日—1月24日。

出发时间:1月19日,厦门北到杭州东。

返程时间:1月24日,杭州解散,各回各家。

日期	时间	行程	负责人	联系电话
1.19周六	7:55	G1680 厦门北—杭州东	陈美雯	×××××××××××
1.19周六	下午	西湖	闫丛笑	×××××××××××
1.20周日	上午	东梓关村	梁晨	×××××××××××
	下午	文村村 小河直街街区		
1.21周一	上午	绿城GAD建筑设计公司	胡颖	×××××××××××
	下午	中国美术学院		
1.22周二	上午	杭州市城市规划展览馆	张世斌	×××××××××××
	下午	良渚文化村		
1.23周三	上午	梦想小镇	杨颐林	×××××××××××
	下午	阿里巴巴总部 西溪国家湿地公园		
1.24周四	上午	在旅社就地解散	郑莹莹	×××××××××××

四、物质准备及经费预算

2019"寻找城市价值"杭州建筑游学经费预算

	分类	明细	数量	单价(元)	合计(元)	说明
学生	交通类	动车(厦门北—杭州东)	34	389	13 226	
		桐庐—杭州	34	298	10 132	水上航线
		包车费	1	9000	9 000	华大—厦门北、杭州5天
	住宿类	住宿费(东梓关村)	34	200	6 800	每人每天200元×1天=200元,1.19
		住宿费(杭州)	34	400	13 600	每人每天100元×4天=400元,1.20—1.23
	门票类	西溪湿地公园	34	80	2 720	
	餐饮类	聚餐	34	60	2 040	以人均60元计算
	保险类	旅游意外保险	34	30	1 020	以人均30元计算
	药品类	创可贴	2	25	50	
		感冒药	3	10	30	999感冒灵
		肠胃药	3	15	45	黄连素、氟哌酸、保济丸
		晕车药	2	10	20	乘晕宁

续表

分类		明细	数量	单价（元）	合计（元）	说明
学生	宣传类	围巾	60	30	1 800	
		旗帜	6	80	480	
		纸质资料	1	120	120	
		吉祥物	6	100	600	
		挂牌	4	80	320	
		图集	6	150	900	
		胸章	60	10	600	
		礼品袋	60	2	120	
	合计				63 623	
教师	交通类	往返动车	6	778	4 668	教师6人
		桐庐—杭州	6	318	1 908	水上航线
	住宿类	住宿费	6	1 900	11 400	每人每天380元×5天=1 900元
	保险类	旅游意外保险	6	30	180	
	门票类	西溪湿地公园	6	80	480	
	餐饮类	聚餐	6	60	360	以人均60元计算
	合计				18 996	
合计					82 619	

五、住宿地点

在确定走访单位后，按照时间安排及流程，事先联系相关单位，确定走访时间以及对接人员，大致确定走访流程。

单位	联系电话
杭州蜗牛酒店	0571-85151037
杭州山涧月色民宿酒店	0571-87910818

第四卷　团队建设

一、团队基本资料

1. 教师：高炳亮、吴少峰、张恒、吕韶东（外聘福建省勘察设计大师）、柯晓蕾、姜晓琪。

2. 团委学生会：胡颖、梁晨、杨颐林、陈美雯、黄婷婷、魏晓雪、梁超娅、刘策、刘凤若、陈周涵、郑丽珊、郑莹莹、高翔、宋怡、闫丛笑、刘煜林、欧阳婷姗、陈文悦、黄锋杰、李鑫、金慧琳、冯光明、吴承超、蔡思鸣、吴昕怡、刘舒婷、李锐鹏、吴霞、黄楚涵、张政。

3. 党支部：张世斌、陈镭内。

4. 研究生：李荣城、杨佳明。

二、团队优势分析

团队由本科生32人，研究生2人，教师6人组成。

团队中多位成员曾经参加川渝游学项目，对于游学有着较为深入的理解，有足够的经验，能够保证调研的较高质量。

团队由建筑学院优秀学生组成，他们各有所长，有较强的责任心，并且相互了解，配合默契，可以保证本次游学活动的效率。

本团队成员已经通过互联网、书籍、报纸等对杭州有一定的了解，并且对于本次活动的流程有明确的了解，路线清晰，目的性强，能够保证活动的顺利高效进行。

团队部分成员在宣传方面有较为丰富的经验，能够保证本次活动的宣传力度。

团队成员有很强的组织策划能力，多人在学生会及团委担任重要工作，有很多社会实践经验，为活动的出色完成奠定了基础。

指导老师有多次带队调研经验，经验丰富且领导能力强，可以给学生提出创造性的建议。

三、团队成员分工

成员职责及联系方式

主要任务	负责人	成员	联系方式	工作说明
相关物资准备及携带	黄锋杰	黄锋杰	××××××××××	包括队旗、围巾、奖牌制作等
		黄婷婷		
		李鑫		
行程修改及补充	陈美雯	陈美雯	××××××××××	行程修改,整理日程安排,景点收集信息
		魏晓雪		
		黄楚涵		
出征仪式暨分享会筹备	闫丛笑	闫丛笑	××××××××××	出发前安排分组及景点分享汇报
		刘煜林		
		吴霞		
车票预订	刘舒婷	刘舒婷	××××××××××	去程车票预订及返程信息汇总
		蔡思鸣		
		冯光明		
酒店预订	郑莹莹	郑莹莹	××××××××××	住宿酒店预订及办理入住
		陈文悦		
		吴承超		
安全管理	高翔	高翔	××××××××××	安全保障及返程确认,保险购买
		李锐鹏		
财务管理	欧阳婷姗	欧阳婷姗	××××××××××	行程中各项支出发票收集及报销
		吴昕怡		
宣传管理	梁超娅	梁超娅	××××××××××	宣传品制作,摄像及视频制作
		刘策		
		张政		
新闻宣传	陈周涵	陈周涵	××××××××××	行程前后新闻稿撰写及投稿发表
		郑丽珊		
		刘凤若		

续表

主要任务	负责人	成员	联系方式	工作说明
餐饮管理	金慧琳	金慧琳	××××××××××	安排就餐地点，整理美食攻略
		宋怡		

2019杭州游学成员分组名单

	组员姓名	联系方式	负责景点	备注
A组	闫丛笑	××××××××××	G1680 厦门北－杭州东	
	宋怡	××××××××××	西湖	
	吴昕怡	××××××××××	东梓关村参观新农宅	
	刘策	××××××××××		
	李鑫	××××××××××		
	陈文悦	××××××××××		
B组	梁超娅	××××××××××	文村村	
	金慧琳	××××××××××	小河直街街区	
	陈周涵	××××××××××		
	李锐鹏	××××××××××		
	刘煜林	××××××××××		
	梁晨	××××××××××		
C组	陈美雯	××××××××××	绿城GAD建筑设计公司	
	黄锋杰	××××××××××	中国美术学院	
	刘凤若	××××××××××		
	冯光明	××××××××××		
	魏晓雪	××××××××××		
	胡颖	××××××××××		
D组	刘舒婷	××××××××××	杭州市城市规划展览馆	
	黄婷婷	××××××××××	良渚文化村	
	黄楚涵	××××××××××		

续表

	组员姓名	联系方式	负责景点	备注
D组	张政	××××××××××		
	陈镭内	××××××××××		
	吴霞	××××××××××		
	张世斌	××××××××××		
E组	郑莹莹	××××××××××	梦想小镇	
	高翔	××××××××××	阿里巴巴总部	
	欧阳婷姗	××××××××××	西溪国家湿地公园	
	郑丽珊	××××××××××		
	蔡思鸣	××××××××××		
	杨颐林	××××××××××		
	吴承超	××××××××××		

四、制度建设

举止文明,谦恭有礼,态度热情,诚实守信,遇事忍让,沉着果断,工作方法得当,充分展现当代大学生的素质。

决策过程采用民主方法,团队各项事务由集体讨论决定,杜绝个人主义。

团队成员应积极对实践活动提出自己的见解和看法。

分工明确,认真完成各项任务,追求效率。(由队长负责,每晚对当天工作进行总结,并对第二天工作进行部署。负责人负责安排集体成员的住宿和饮食,若有个人外出情况要先征得团队负责人同意。)

每个队员都要明确树立安全第一的意识,有集体意识和团队精神,认真服从组织的安排,积极配合队里开展活动,完成好队里交付的实践任务。

活动期间,定期与家人联系,报平安。

队员之间要坦诚以待,互帮互助,建立和谐团队。原则上,个人物资由自己全面细致思考后备齐,但成员之间必须互帮互助,团结一心。

各队员要坚持合理使用经费的原则,发扬艰苦朴素精神。

第五卷　附录

附录一

活动章程

一、为了规范本队的组织和纪律，提高实践活动效率，圆满完成任务，特制定本章程。

二、为了响应当今大学生走出校园积极实践的号召，由各年级专业的本科生及研究生组成本队伍，即将在杭州展开游学活动。

三、本队的活动宗旨是提高实践水平，丰富社会实践经验。

四、本活动坚持"安全第一"的原则，实践过程中我们会始终把安全问题放在首位。

五、本队实行队长领导下的民主集中制，坚持少数服从多数的原则，重大的安排将由全体队员讨论通过。队长负责统一协调，享有最终决定权，并且对其决定全权负责。

六、在日常实践活动中，队员必须服从统一安排，不得擅自行动，遇到特殊情况必须向队长和老师请假。违反者，全队通报批评。

七、本队队员每天晚上召开交流会，队员必须准时到会，不得迟到。

八、本队队员务必认真完成当天分配的任务，保证活动的质量和效率。

九、本队实行严格的财政纪律。所有经费开支由一人管理；报销必须有实际凭证和至少一人作证。

十、队员之间要平等互助，团结友爱，同心协力，以保证整个小分队的凝聚力。

十一、队员在实践活动中必须规范言语举止，尊重调查对象，对外要维持华侨大学及整个实践团队的良好声誉和形象。

十二、本章程自实践活动开始之日起生效，至活动结束之日起停止实施。

本章程的解释权归队长所有。

附录二

注意事项及安全措施

一、活动要求

队员必须团结协作,服从集体,有事向队长请假。活动期间须佩戴统一的标志,树立良好形象。尊重当地群众及其生活习俗,在调查过程中要有礼貌,活动结束后主动致谢。每个队员都要配备并认真书写自己的活动日记,每天晚上交流心得。活动过程中队员不许擅自离队,否则予以处分。为了展现当代大学生的风貌,积极树立华大学子的形象,每天 7:00 起床,做好当天活动的准备。活动结束后,应通知实践地,衷心感谢他们所提供的帮助和配合,并将实践成果留给他们一份。

二、安全措施

人身安全:出发前,统计所有队员的联系方式,做到人手一份,以便互相联系,或紧急情况下的及时沟通。活动中,正副队长要 24 小时手机开机;定时定期向指导老师汇报情况。尽量做到集体活动,不要分散。

财务安全:出发前,对贵重财物进行统计,如笔记本电脑、数码相机等。活动中由专人负责看管,每天的活动结束后再进行汇总。财物开支状况要经过严格预算,尽量节俭,由专人负责记账。队员的私人财物由本人负责,并设安全人员每天巡视看管。

三、应急预案

出发前要准备必要的药品。活动中乘车转车不可避免,因此晕车药也必不可少。如遇重大突发事件,领队要及时与指导老师汇报,和当地校方负责人等联系。

附录三

财务制度

为了使此次游学活动经费得到合理有序的使用，活动开展得更为顺利，特制定以下财务制度：

1. 活动经费使用前必须征得带队老师或队长同意，且使用时必须在经费管理负责人处登记。

2. 经费报销必须持全国统一发票（带全国统一监制章），发票背后用黑色钢笔或水笔注明经费使用目的、使用人姓名、时间。

3. 经费报销于经费使用当天晚上统一在经费管理负责人处进行，并签名以示领取。

4. 涉及活动统一支出，如车票、门票、住宿费等，由带队老师或经费负责人直接支付。

5. 活动经费使用应合理，尽量节约经费，以备后期制作。

6. 活动期间，如遇到特殊情况需超额使用经费，必须事前向带队老师或队长说明情况，经同意后使用经费才可报销。

华侨大学建筑学院
2018 年 12 月 17 日

建筑设计未来院所长创新创业教育研究

华侨大学建筑学院
2020"寻找城市价值"长沙建筑游学

华侨大学建筑学院
2019 年 11 月 30 日

目　录

第一卷　项目发起
　　一、活动背景
　　二、游学的意义
　　三、活动地点
　　四、参与人员

第二卷　活动详情
　　一、探寻新旧交替，感受城市风貌
　　二、对话精英校友，实现专创融合
　　三、走进艺术天地，释放创想空间
　　四、摸索历史文脉，踏上红色之旅

第三卷　活动筹备
　　一、时间安排表
　　二、调查进度和调查活动安排
　　三、路线与时间安排
　　四、物质准备及经费预算
　　五、住宿地点

第四卷　团队建设
　　一、团队基本资料
　　二、团队优势分析
　　三、团队成员分工
　　四、制度建设

第五卷　附录
　　附录一　活动章程
　　附录二　注意事项及安全措施
　　附录三　财务制度

第一卷　项目发起

一、活动背景

华侨大学建筑学院秉持培养具有综合素质的优秀建筑师的宗旨,坚持在教学和实践活动中构建"人·社会·环境"的科学教学理念,深刻地认识到,如要培养优秀的建筑才俊,不应拘泥于课堂书本,从校园走向实践、走向创新、走向历史名城寻找城市价值,是建筑院校当下应坚持的育人方向。纵观当下社会留学活动出现"费用昂贵、机构私营、质量堪忧"等现象,华侨大学建筑学院致力打造出一支由高校教师带队、学院与企业联合主办的高质量、高价值"寻找城市价值"游学团队,将课堂授课转化为多元实践,将建筑学子从校园引领至社会,将人才素质教育落实到实践。

二、游学的意义

1. 开阔眼界,扩展设计思维。对于建筑系的学生来说,进行建筑旅行是非常重要的,也是最快的学习建筑的方法。对于建筑师来说,需要不断有新的东西来冲击自己的思维方式和理解能力,才能时刻保持旺盛的创造力,而这种创造力就来自于我们日积月累的旅途记忆和对于身边感动的记录。太多的建筑大师的成长经历告诉我们,要想对于建筑有自己深刻的认识就必须进行建筑旅行,其中柯布西耶和安藤忠雄的成长经历是两个典型。

2. 制定更高的目标。通过游学过程中的见闻,激励自己的成长,获得不一样的感悟和体会,为自己制定更高的目标,明确自己的努力方向。

3. 通过游学,对企业有所了解,对毕业后的工作环境以及工作情况有一定的认识,为将来的就业打下一定的基础。

4. 参与者主要由学生干部组成,在活动过程中同吃同住同行,培养团队凝聚力,提升团队配合默契程度,为今后各项活动的开展打好基础。

三、活动地点

长沙:韶山毛泽东纪念馆、岳麓山、后湖科创·文化产业园、橘子洲头、长沙规划展示馆、妙高峰城南旧事老街区、梅溪湖国际文化艺术中心、湖南省博物馆、湖南省建筑设计院、湖南大学、超级文和友、太平街、IFS国金中心、谢子龙影像艺术馆、李自健美术馆、58众创。

四、参与人员

教师:薛佳薇、欧海锋、柯晓蕾、李圳伟。

团委学生会:秦与、闫丛笑、梁超娅、郑莹莹、李锐鹏、黄旭鹏、陆晓燕、周嘉琪、刘晓雨、傅瞳瞳、林丽伟、郭宇蕾、谭笑、林炳钰、夏伊凡、王晓彤、刘娴、黄端端、林玮斑、邱荔婷、陈嘉谦、何佳蔚、林诗意、钟文涛。

第二卷　活动详情

一、探寻新旧交替，感受城市风貌

地点1：五一广场

五一广场位于长沙商业圈的最中心，也是长沙历史最悠久的区域，古长沙的城址即为今天的五一广场及其周围区域，在几千年的历史中，五一广场周围一直都是官署所在地。五一商圈已稳居长沙中心商圈的老大地位，其影响覆盖整个湖南。

地点2：太平街

太平街是长沙古城保留原有街巷格局最完整的一条街。整治后的太平街历史文化街区不仅保留了贾谊故居、长怀井、明吉藩王府西牌楼旧址、辛亥革命共进会旧址、四正社旧址等文物古迹和近代历史遗迹，也给乾益升粮栈、利生盐号、洞庭春茶馆、宜春园茶楼等历史悠久的老字号注入生机。街区沿主街有门店87个，经营面积近3万平方米，以名老字号、字画、民族工艺品、文化休闲产业、特色旅游产品为主。

地点3：岳麓山

岳麓山风景区位于湖南省长沙市岳麓区，海拔300.8米，占地面积36平方公里，是南岳衡山72峰的最后一峰，位于橘子洲旅游景区内，为城市山岳型风景名胜区，是中国四大赏枫胜地之一。

岳麓山位于首批国家历史文化名城长沙市湘江西岸，依江面市，现有岳麓山、橘子洲、岳麓书院、新民学会四个核心景区，为世界罕见的集"山、水、洲、城"于一体的国家AAAAA级旅游景区、国家重点风景名胜区、湖湘文化传播基地和爱国主义教育的示范基地。

岳麓山因南朝宋时《南岳记》中"南岳周围八百里，回燕为首，岳麓为足"而得名，融具有中国古文化精华的儒、佛、道为一体，包容了历史上思想巨子、高僧名道、骚人墨客共同开拓的岳麓山文化内涵。景区内有岳麓书院、爱晚亭、麓山寺、云麓宫、新民学会旧址、黄兴墓、蔡锷墓、第九战区司令部战时指挥部旧址等景点。

地点 4：橘子洲头

橘子洲，位于湖南省长沙市岳麓区的湘江中心，原面积约 17 公顷，是湘江下游众多冲积沙洲中面积最大的沙洲，也是世界上最大的内陆洲，被誉为"中国第一洲"，由南至北，横贯江心，西望岳麓山，东临长沙城，四面环水，绵延十多里，狭处横约 40 米，宽处横约 140 米，形状是一个长岛。

橘子洲有毛泽东青年艺术雕塑、问天台等景点。史载橘子洲生成于晋惠帝永兴二年，为激流回旋冲积、沙石堆积而成。景区内生长着数千种花草藤蔓植物，其中名贵植物就有 143 种。还有鸥、狐、獾等许多珍稀动物。

地点 5：湖南大学

湖南大学办学起源于公元 976 年创建的岳麓书院，历经宋、元、明、清等朝代的变迁，1897 年创办新式高等学校时务学堂，1903 年岳麓书院等合并改制为湖南高等学堂。1912 年成立湖南高等师范学校。1926 年成立省立湖南大学。1949 年 9 月，国立湖南大学更名为湖南大学。中华人民共和国成立后，毛泽东同志亲笔题写校名。

地点 6：妙高峰城南旧事老街区

在长沙，有一片经过了改造修复的区域，名为城南旧事老街区，位于书院路东侧、劳动路南侧，主要由妙高峰巷、由义巷和戏剧街等线路构成。

妙高峰巷自书院路城南旧事街牌楼，经妙高峰巷、青山祠、光裕里、由义巷返至书院路。该历史步道文化记忆空间导视系统由青山祠的变迁、戏窝子的故事、赵汝愚墓、萧朝贵阵亡处等 17 处记忆解说点和 20 个步道导向系统组成，以文字、图示、影像、微缩景观、文化小品等创新展示形式及互联网技术应用，打造开放、流动的街巷记忆博物馆，让经年传承的历史记忆，生动再现于市井之间，回味"城南旧事"。

二、对话校友精英，实现专创融合

地点 1：湖南省博物馆

湖南省博物馆位于湖南省长沙市开福区东风路 50 号，是湖南省最大的综合性历史艺术类博物馆，占地面积 4.9 万平方米，总建筑面积为 9.1 万平方米，是首批国家一级博物馆，中央地方共建的八个国家级重点博物馆之一、全国文化系统先进集体、文化强省建设有突出贡献先进集体。

湖南省博物馆自建馆以来，就以保护、传承优秀历史文化为己任，集文物征集、收藏、研究、展示、教育、服务于一身。多年来，作为长沙市的文化地标，吸引了成千上万游客前来参观,是代表中华区域文明的国家级重点博物馆,是人们了解湖湘文明进程、领略湖湘文化奥秘的重要窗口。

地点 2：湖南省建筑设计院

湖南省建筑设计院有限公司·湖南省城市规划研究设计院(以下简称 HD)成立于 1952 年 7 月,前身为湖南省建筑设计院,是一家管理体系健全、技术实力雄厚、设施装备完善的大型综合性设计研究企业,也是全国建筑业技术创新先进企业,湖南省高新技术企业。其获得商务部第一批授予对外经营权、湖南省海外领事保护重点服务单位。连续多年荣获省市"守合同重信用单位"称号,并荣获国家"守合同重信用企业""全国建筑设计行业诚信单位",省"诚信经营示范单位"荣誉称号。近七十年来,HD 完成设计和工程总承包等各类项目 12 000 余项,业务遍及国内 24 个省(直辖市)、澳门特区以及海外 42 个国家。

三、走进艺术天地,释放创想空间

地点 1：梅溪湖国际文化艺术中心

长沙梅溪湖国际文化艺术中心位于国家级长沙湘江新区,扎哈·哈迪德设计的作品,总投资 28 亿元,总用地面积 10 万平方米,总建筑面积 12 万平方米,包括 4.8 万平方米的大剧院和 4.5 万平方米的艺术馆两大功能主体。大剧院由 1 800 座的主演出厅和 500 座的多功能小剧场组成;艺术馆由 9 个展厅组成,展厅面积达 1 万平方米,能承接世界一流的大型歌剧、舞剧、交响乐等高雅艺术表演。这里是湖南省规模最大、功能最全、全国领先、国际一流的国际文化艺术中心,填补了全市和全省高端文化艺术平台的空白。

地点 2:58 众创

58 众创是一家全国性创业创投平台,致力于打造"一站式多维创业生态圈",帮助企业链接各种资源,助力早期创业团队快速发展。

湖南省 58 众创创业投资有限公司成立于 2015 年 11 月,是 58 集团旗下全国性创业创投平台。58 众创作为"互联网＋"创新型集聚平台,以空间营造、产业培育、企业孵化、创业投资为支撑,融合城区、园区、社区的优质要素资源,升级传统众创空间格局,打通创新链、资金链、人才链、科技链、产业链,形成平台整合、培育孵化、创业投资三大核心板块。

总部设于长沙的 58 众创现已开始全国布局,将在超过 20 个最具活力的城市建立 58 众创联盟。

地点 3：后湖科创·文化产业园

后湖科创·文化产业园位于岳麓山国家大学科技城和岳麓山风景名胜区核心区域，集聚名山、名水、名洲、名校、名家等众多独特优势，总面积 2118 亩，其中水面 585 亩，区域以后湖为中心，东起潇湘大道，西至后湖路，南临靳江路，北抵阜埠河路。通过西二环、麓山路、潇湘大道、南湖路隧道，地铁 3 号线、4 号线，连贯东西，畅通南北。

20 余所高等院校与科研院所在此集结，汇成园区的发展智库；省美术馆、58 众创、麓客众创、锦绣潇湘文化园等颇具影响力的文化产业项目落子于此，为园区发展注入了不竭的动力，艺术培训、创意设计等业态已形成了集聚效应。

地点 4：长沙规划展示馆

长沙规划展示馆位于新河三角洲滨江文化园。规划展示馆围绕"山水洲城"的城市特色空间格局，以"我的长沙我的家"为主题，依次展现"星城印象·走进大长沙""历史长河·探寻老长沙""规划长廊·畅想新长沙"和"个性·幻城 2050"四大版块。

地点 5：谢子龙影像艺术馆

谢子龙影像艺术馆建在湘江河畔，长沙洋湖湿地公园之内。所在基地恰好处于湿地公园连接湘江风光带的视觉廊道上，是政府重点打造的市民文化艺术高地。影像馆同之前已经完成的湘江新区规划展示馆（2009 年）、李自健美术馆（2016 年）共同构成了洋湖市民的文化客厅。

地点 6：李自健美术馆

李自健美术馆是由中国旅美艺术家李自健夫妇独资创建的现代化公益美术馆，是一座集常设展、临展馆、多功能厅、音乐厅及各种服务设施于一体的艺术综合体现代建筑，面积 25000 余平方米。2017 年 11 月，李自健夫妇将李自健美术馆附义务赠予湖南湘江新区。

李自健美术馆已被授予长沙市爱国主义"教育基地"、文化旅游"示范基地"。其长期展出李自健先生海内外艺术生涯中，以"人性与爱"为主题的写实主义风格油画创作，十七个系列，三百余幅原作。

馆内逾 6 000 平方米的四大专属展厅，为画家个人量身打造。长期陈列来自海内外众多收藏家所汇聚的李自健先生绘画作品及近年新作。

地点 7：IFS 国金中心

长沙国际金融中心是集大型购物娱乐中心、高端写字楼、酒店式公寓及国际白金五星级酒店等设施于一体的超高层大型城市综合体,为湖南省高端现代服务业新的汇聚点。湖南省第一高楼、中国第十高楼。该建筑由香港九龙仓集团投资开发,位于长沙市蔡锷中路与解放路交汇处的西北角,紧邻黄兴路步行街、五一大道和长沙地铁1号线、长沙地铁2号线五一广场站。

四、摸索历史文脉,踏上红色之旅

地点:韶山毛泽东同志纪念馆

韶山毛泽东同志纪念馆,坐落在全国重要的革命纪念地——湖南省韶山市韶山冲,这里是毛泽东出生和少年时期活动的地方。纪念馆包括毛泽东故居、毛泽东少年时代读书的南岸私塾旧址、毛泽东父母墓、毛氏宗祠、毛震公祠、毛鉴公祠等历史遗址和纪念性建筑,同时对有关反映毛泽东生平和思想的文物、资料进行征集、研究、陈列和宣传。馆藏文物、资料达6万多件,名人字画1000多幅,是毛泽东生平和毛泽东思想研究的重要基地。

第三卷　活动筹备

一、时间安排表

阶段	时间	事项	负责人
方案筹备	12.18	购买动车票	郑莹莹
	12.18—12.27	召开全员会议部署工作	闫丛笑
		行程细化落实，各组与各地点洽谈联系向导	
		制作经费预算表，预支经费	
		联系确定包车方案	秦与
		预计所需物资	郑莹莹
		联系确定住宿地点	
		宣传方案初步构想	梁超娅
资料整理	12.27—1.3	返程信息汇总完成	郑莹莹
		宣传用品设计完成	梁超娅
		宣传方案制定完成(拍照方案、视频脚本、推送模版等)	
		收集各地点详细图文资料并整理	闫丛笑
		召开全员会议汇报进度(视考试时间而定)	
	1.3—1.7	制作完成行程手册	梁超娅
		筹备出征仪式暨行前分享会	秦与
		制作完成推送初稿	梁超娅
行前准备	1.8	召开出征仪式暨行前分享会	秦与
		物资整理分发	郑莹莹
	1.9—1.11	缓冲期，行前准备	闫丛笑
游学进行	1.12—1.17	赴长沙进行游学活动	
返程	1.17	解散并回家	

续表

阶段	时间	事项	负责人
成果整理	1.18—2.27	剪辑视频并推送	梁超娅
		过程照片整理和文字资料撰写	
		制作宣传册	
游学汇报	2.27	各团队进行游学成果汇报	闫丛笑

二、调查进度和调查活动安排

1. 策划阶段(12月上旬)

活动的发起。

明确活动的意义。

活动的策划与组织。

具体分工的明确。

参与人员的报名与选拔。

2. 初期准备(12月下旬)

行程路线的完善。

做好酒店以及车票的预订。

3. 出发准备(1月上旬)

购齐基本药品、基本器材和资料,比如照相机、问卷调查表、宣传单、纪念品、食物。

做好安全教育,提高队员安全防范意识,与当地人们和谐相处。出发前检查好各自所需。

4. 实地调查阶段(1月中旬)

前往长沙,开始为期六天五夜的游学。

三、路线与时间安排

时间安排:1月12日—1月17日。

出发时间:1月12日,厦门北到长沙南。

返程时间:1月17日,长沙解散,各回各家。

日期	时间	行程	负责人	联系电话
1.12 周日	8:41	G1616 厦门北—长沙南	林炳钰	××××××××××
	晚上	五一广场、太平街、超级文和友		××××××××××
1.13 周一	上午	湖南大学 岳麓山	林玮珽	××××××××××
	下午	橘子洲头		
	晚上	妙高峰城南旧事老街区		
1.14 周二	上午	湖南省博物馆	刘晓雨	××××××××××
	下午	湖南省建筑设计院		
1.15 周三	上午	梅溪湖国际文化艺术中心 58众创 后湖科创·文化产业园	夏伊凡	××××××××××
	下午	谢子龙影像艺术馆 李自健美术馆 长沙城市规划设计院		
	晚上	IFS国金中心		
1.16 周四	白天	韶山	林玮珽	××××××××××
	晚上	返回长沙		
1.17 周五	上午	就地解散	闫丛笑	××××××××××

四、物质准备及经费预算

2020"寻找城市价值"长沙建筑游学经费预算

	分类	明细	数量	单价（元）	合计（元）	说明
学生	交通类	高铁：厦门北—长沙南	24	503	12 072	
		包车费	1	6 000	6 000	华大—厦门北、长沙四天、韶山
	住宿类	住宿费（长沙）	24	450	10 800	每人每天90元×5天=450元
	保险类	旅游意外保险	24	30	720	以人均30元计算
	合计				29 592	

续表

分类		明细	数量	单价（元）	合计（元）	说明
教师	交通类	往返动车	4	1 003	4 012	教师6人,动车去程503,飞机返程500
	住宿类	住宿费（长沙）	4	1 000	4 000	每人每天200元×5天=1 000元
	保险类	旅游意外保险	4	30	120	
	餐饮类	聚餐	4	100	400	以人均60元计算
	合计				8 532	
其他	药品类	创可贴	2	25	50	
		感冒药	3	10	30	999感冒灵
		肠胃药	3	15	45	黄连素、氟哌酸、保济丸
		晕车药	2	10	20	乘晕宁
	宣传类	围巾	50	30	1 500	
		旗帜	6	80	480	
		纸质资料	1	120	120	
		吉祥物	6	100	600	
		挂牌	4	80	320	
		图集	6	150	900	
		胸章	60	10	600	
		礼品袋	60	2	120	
	合计				4 785	
合计					42 909	

五、住宿地点

在确定走访单位后,按照时间安排及流程,事先联系相关单位,确定走访时间以及对接人员,大致确定走访流程。

单位	联系电话
酒店1	×××××××××××
湖南省建筑设计院	×××××××××××
长沙规划展示馆	×××××××××××

第四卷　团队建设

一、团队基本资料

1. 教师：薛佳薇、欧海锋、柯晓蕾、李圳伟。
2. 团委学生会：秦与、闫丛笑、梁超娅、郑莹莹、李锐鹏、黄旭鹏、陆晓燕、周嘉琪、刘晓雨、傅瞳瞳、林丽伟、郭宇蕾、谭笑、林炳钰、夏伊凡、王晓彤、刘娴、黄端端、林玮珽、邱荔婷、陈嘉谦、何佳蔚、林诗意、钟文涛。

二、团队优势分析

团队由本科生24人，教师4人组成。

团队中多位成员曾经参加杭州游学项目，对于游学有着较为深入的理解，有足够的经验，能够保证调研的较高质量。

团队由建筑学院优秀学生组成，他们各有所长，有较强的责任心，并且相互了解，配合默契，可以保证本次游学活动的效率。

本团队成员已经通过互联网、书籍、报纸等对长沙有一定的了解，并且对于本次活动的流程有明确的了解，路线清晰，目的性强，能够保证活动的顺利高效进行。

团队部分成员在宣传方面有较为丰富的经验，能够保证本次活动的宣传力度。

团队成员有很强的组织策划能力，多人在学生会及团委担任重要工作，有很多社会实践经验，为活动的出色完成奠定了基础。

指导老师有多次带队调研经验，经验丰富且领导能力强，可以给学生提出创造性的建议。

三、团队成员分工

成员职责及联系方式

主要任务	负责人	成员	联系方式	工作说明
相关物资准备及携带	邱荔婷	邱荔婷	××××××××××	包括队旗、围巾、奖牌制作等
		邱荔婷		
		钟文涛		
行程修改及补充	林炳钰	林炳钰	××××××××××	行程修改,整理日程安排,景点收集信息
		刘晓雨		
包车联系	谭笑	谭笑	××××××××××	包车
出征仪式暨分享会筹备	郭宇蕾	郭宇蕾	××××××××××	出发前安排分组及景点分享汇报
		林诗意		
车票预订	傅瞳瞳	傅瞳瞳	××××××××××	去程车票预订及返程信息汇总
		陆晓燕		
酒店预订	夏伊凡	夏伊凡	××××××××××	住宿酒店预订及办理入住
		王晓彤		
安全管理	周嘉琪	周嘉琪		安全保障及返程确认,保险购买
财务管理	林玮珽	林玮珽	××××××××××	行程中各项支出发票收集及报销
		黄端端		
宣传管理	李锐鹏	李锐鹏	××××××××××	宣传品制作,摄像及视频制作
		黄旭鹏		
		陈嘉谦		
新闻宣传	刘娴	刘娴	××××××××××	行程前后新闻稿撰写及投稿发表
		林丽伟		
餐饮管理	何佳蔚	何佳蔚	××××××××××	安排就餐地点,整理美食攻略

2020 长沙游学成员分组名单

	组员姓名	联系方式	负责景点	备注
A组	林炳钰	××××××××××	G厦门北—长沙南 超级文和友 橘子洲头 湖南省建筑设计院 交流分享会	
	郑莹莹	××××××××××		
	王晓彤	××××××××××		
	刘娴	××××××××××		
	黄端端	××××××××××		
	钟文涛	××××××××××		
B组	刘晓雨	××××××××××	湖南省博物馆 湖南大学、岳麓山 妙高峰城南旧事老街区	
	傅瞳瞳	××××××××××		
	闫丛笑	××××××××××		
	林丽伟	××××××××××		
	郭宇蕾	××××××××××		
	谭笑	××××××××××		
C组	夏伊凡	××××××××××	梅溪湖国际文化艺术中心 谢子龙影像艺术馆 李自健美术馆 长沙规划展示馆 IFS国金中心	
	李锐鹏	××××××××××		
	梁超娅	××××××××××		
	黄旭鹏	××××××××××		
	陆晓燕	××××××××××		
	周嘉琪	××××××××××		
D组	林玮珽	××××××××××	韶山毛泽东同志纪念馆	
	林诗意	××××××××××		
	邱荔婷	××××××××××		
	秦与	××××××××××		
	陈嘉谦	××××××××××		
	何佳蔚	××××××××××		

四、制度建设

举止文明，谦恭有礼，态度热情，诚实守信，遇事忍让，沉着果断，工作方法得当，充分展现当代大学生的素质。

决策过程采用民主方法,团队各项事务由集体讨论决定,杜绝个人主义。

团队成员应积极对实践活动提出自己的见解和看法。

分工明确,认真完成各项任务,追求效率。(由队长负责,每晚对当天工作进行总结,并对第二天工作进行部署。负责人负责安排集体成员的住宿和饮食,若有个人外出情况要先征得团队负责人同意。)

每个队员都要明确树立安全第一的意识,有集体意识和团队精神,认真服从组织的安排,积极配合队里开展活动,完成好队里交付的实践任务。

活动期间,定期与家人联系,报平安。

队员之间要坦诚以待,互帮互助,建立和谐团队。原则上,个人物资由自己全面细致思考后备齐,但成员之间必须互帮互助,团结一心。

各队员要坚持合理使用经费的原则,发扬艰苦朴素精神。

第五卷　附录

附录一

活动章程

一、为了规范本队的组织和纪律，提高实践活动效率，圆满完成任务，特制定本章程。

二、为了响应当今大学生走出校园积极实践的号召，由各年级专业的本科生及研究生组成本队伍，即将在长沙展开游学活动。

三、本队的活动宗旨是提高实践水平，丰富社会实践经验。

四、本活动坚持"安全第一"的原则，实践过程中我们会始终把安全问题放在首位。

五、本队实行队长领导下的民主集中制，坚持少数服从多数的原则，重大的安排将由全体队员讨论通过。队长负责统一协调，享有最终决定权，并且对其决定全权负责。

六、在日常实践活动中，队员必须服从统一安排，不得擅自行动，遇到特殊情况必须向队长和老师请假。违反者，全队通报批评。

七、本队队员每天晚上召开交流会，队员必须准时到会，不得迟到。

八、本队队员务必认真完成当天分配的任务，保证活动的质量和效率。

九、本队实行严格的财政纪律。所有经费开支由一人管理；报销必须有实际凭证和至少一人作证。

十、队员之间要平等互助，团结友爱，同心协力，以保证整个小分队的凝聚力。

十一、队员在实践活动中必须规范言语举止，尊重调查对象，对外要维持华侨大学及整个实践团队的良好声誉和形象。

十二、本章程自实践活动开始之日起生效，至活动结束之日起停止实施。

本章程的解释权归队长所有。

附录二

注意事项及安全措施

一、活动要求

队员必须团结协作,服从集体,有事向队长请假。活动期间须佩戴统一的标志,树立良好形象。尊重当地群众及其生活习俗,在调查过程中要有礼貌,活动结束后主动致谢。每个队员都要配备并认真书写自己的活动日记,每天晚上交流心得。活动过程中队员不许擅自离队,否则予以处分。为了展现当代大学生的风貌,积极树立华大学子的形象,每天 7:00 起床,做好当天活动的准备。活动结束后,应通知实践地,衷心感谢他们所提供的帮助和配合,并将实践成果留给他们一份。

二、安全措施

人身安全:出发前,统计所有队员的联系方式,做到人手一份,以便互相联系,或紧急情况下的及时沟通。活动中,正副队长要 24 小时手机开机;定时定期向指导老师汇报情况。尽量做到集体活动,不要分散。

财务安全:出发前,对贵重财物进行统计,如笔记本电脑、数码相机等。活动中由专人负责看管,每天的活动结束后再进行汇总。财物开支状况要经过严格预算,尽量节俭,由专人负责记账。队员的私人财物由本人负责,并设安全人员每天巡视看管。

三、应急预案

出发前要准备必要的药品。活动中乘车转车不可避免,因此晕车药也必不可少。如遇重大突发事件,领队要及时与指导老师汇报,和当地校方负责人等联系。

附录三

财务制度

为了使此次游学活动经费得到合理有序的使用,活动开展得更为顺利,特制定以下财务制度:

1. 活动经费使用前必须征得带队老师或队长同意,且使用时必须在经费管理负责人处登记。

2. 经费报销必须持全国统一发票(带全国统一监制章),发票背后用黑色钢笔或水笔注明经费使用目的、使用人姓名、时间。

3. 经费报销于经费使用当天晚上统一在经费管理负责人处进行,并签名以示领取。

4. 涉及活动统一支出,如车票、门票、住宿费等,由带队老师或经费负责人直接支付。

5. 活动经费使用应合理,尽量节约经费,以备后期制作所需。

6. 活动期间,如遇到特殊情况需超额使用经费,必须事前向带队老师或队长说明情况,经同意后使用经费才可报销。

华侨大学建筑学院
2019 年 11 月 30 日

重视社区营造，推动乡村振兴
——由两岸光明之城建筑文化体验营引发的思考

一、海峡两岸青年学子光明之城建筑文化体验营开展的基本情况

（一）活动介绍

5月25日至5月30日，2018海峡两岸青年学子光明之城建筑文化体验营在福建（厦门）华侨大学与泉州市两地举行。华侨大学副校长刘塨教授、福建省人民政府台湾事务办公室交流处主任王泽勇先生、台湾建筑师公会理事张宏昌先生、台北市立大学管理学院院长邱英浩教授、华侨大学建筑学院院长龙元教授等出席活动开幕式并作重要讲话。来自华侨大学、台北市立大学、台北科技大学、逢甲大学、铭传大学、中华大学等六所大学的建筑及都市设计学系师生参加了本次建筑文化体验营。

本次光明之城建筑文化体验营以"弘扬海丝文化、共筑光明之城"为主题，要求学生在为期五天的时间里，对王宫社区进行调研，结合自身专业知识，提出相应的社区振兴方案。

光明之城建筑文化体验营为华侨大学品牌活动，旨在推进中华文化的传承和发展，提升海峡两岸青年学子的文化认同感，促进两岸大学生创意设计实践的交流。活动相继以"低碳·环保""传承中华文化共筑光明之城""弘扬海丝文化、共筑光明之城"等为主题开展文化体验营，包括华侨大学在内两地参与院校达八所，参与学生每年200余名。近年，活动得到了清华大学、中央美术学院、广州美术学院、台湾台北科技大学、台北市立大学、逢甲大学、铭传大学、台湾中华大学等大力支持。如今，光明之城建筑文化体验营已成为海峡两岸建筑青年学子重要的文化交流桥梁。

(二) 媒体报道和影响

海峡两岸青年学子光明之城建筑文化体验营共有全国人民政协网、中央统战部、中新网、新浪新闻、搜狐网、中国商网、泉州市归国华侨联合会、中国台湾网、深圳新闻网、凤凰财经、长城网、泉州网、中国经济新闻联播等十余家媒体和单位进行报道。其中,全国人民政协网、中央统战部、中新网等关注了海峡两岸青年学子光明之城社区振兴工作营,两岸青年学子走进闽南侨村,走街串巷进行实地调研,并结合自身专业知识,提出相应的社区振兴方案,共同发力王宫社区改造;中国商网等关注了海峡两岸建筑类大学生"乡村振兴与创新创业"的主题沙龙,以沙龙为纽带,促进海峡两岸青年学生对乡村振兴与创新创业的讨论与学习,为彼此提供了共同合作的平台。

二、台湾师生从光明之城社区营造对乡村振兴的看法

(一) 台湾高校师生眼中乡村振兴的目的

乡村振兴的目的,不是为了减缓城市化建设进程,也不是为了回到从前的农耕文明最鼎盛的状态。从阶段性目标来看,乡村振兴,一是为了实现脱贫,二是为了协调城乡资源的空间关系,三是为了生态环境的重塑;而从长远角度看,乡村振兴一定还包括一种中国文化特有的新生活空间的营造,还有文化自信之根的修复与保养。

(二) 台湾师生对于乡村振兴的看法

1. 乡村振兴,需要培养社区共同体意识

乡村振兴的宗旨是建立社区共同体,关键要素是"社区共同体意识"的培养。在此次光明之城王宫社区营造中,居民与学生具备相同的意志与接近的理念,都想要对社区作出贡献,让社区变得更好,从而进一步推动活动的持续性发展。民众只有从自身出发,转变意识,自发性改善基本需求并且养成一种习惯,维持一定的程度,才能使社区拥有新的面貌。否则,再多的硬件或是软件上的引进,也不会有多大的效果。

2. 乡村振兴,需要了解基层

泉州王宫社区营造,学生从基础调研入手,通过对社区生活的探究与访问,发现与解决问题。乡村振兴需要了解基本层面遇到的困难是什么,才有办法进行下一步的动作。如果基本的空间卫生环境没有改善的话,就算进行了其他的设施上的改变,民众也不会觉得有任何的不同,因为最基本层面的问题依然存在。跟社区

居民的长久相处也是必要的条件之一。培养好感情，熟知他们各个年龄层不同的需求，进而有更好的改善计划，才能达到最大的效益。

  3. 乡村振兴，需要居民的参与

  台湾社区营造始于1994年提出的"台湾健康社区六星计划"，通过"产业发展、社福医疗、社区治安、人文教育、环境景观、环保生态"这六个面向的全面提升，以期打造一个安居乐业的"健康社区"。与大陆的强调"农民主体"一样，台湾社区营造强调"社区主义"，认为培养社区自己的营造人才、让社区自己来营造是最关键的。乡村振兴需要让所有当地居民了解乡村振兴的具体内容，只有共同参与才能凝聚力量，才能发挥更大的效益。让居民知道其实自己就有改变环境的能力，再慢慢结合大家的力量，一同在参与中培养感情，增进凝聚力，增强社区的文化认同和共同体意识。

  4. 乡村振兴，需要文化自信

  乡村振兴之于文化自信的目的就是找回那些正在快速消失的，反被一少部分人坚守的，属于我们这个族群特有的价值观、人生观、世界观，即中国人自己的活法。也就是我们这辈子应该怎么活，生命周遭什么是好的，什么是坏的，什么是应该珍惜，这样的一种价值判断，以及我们怎么看待天地、看待万事万物的一种观念和态度。

  5. 乡村振兴，需要文化的传承与振兴

  传统文化是一个社区所具有的特殊价值，文化的传承与振兴，发扬文化本身所存在的意义是社区营造、乡村振兴的重要任务。泉州文化持续传承至后代生生不息，他们的后代能对自己的家乡有归属及认同感并发起改造社区的活动，这是很美好的。通过活动交流从而对自己所居住的地区有荣誉，如此凝聚心力的地区将会是社区营造极好推动的本源。泉州作为"海上丝绸之路"的起点，此次营造同学们在创意创新的实践中探索海丝文化，以创新理论、创新手段对传统文化进行新展示、再创造，积淀并实现文化的传承、融合和创新，让海丝沿线民众了解、接受与喜欢。

三、台湾专家关于乡村振兴的建议

  (一) 盘点资源，解决好居民产权问题

  乡村振兴虽由政府主导推动，但其主要任务是发掘乡村内部资源，搭建乡村服务平台，凝聚乡村民众意识，推动形成政府、第三方组织、乡村居民三者之间的良性互动和合作伙伴关系。因此,乡村振兴与社区改造应以整合与盘点所有资源,解决好民居产权问题为前提。只有在双方洽谈合适的情况下,才能进行合理实施。

(二)合理分配资源,避免利益冲突

理性思考资源分配问题,公平合理分配资源。人的满意程度不是一个绝对的概念,而是通过比较产生的。比如给大家奖励时,每人100元,但是唯独给这个人1 000元,那么,虽然这个事情是奖励,但是拿到100元的那些人并不能得到幸福感、满足感。只有清楚实际的需求,明确目标,取得共识,才能避免利益冲突,加快乡村振兴发展进程。要敢于触碰难点,如征地制度改革中的公共利益确定,公开公平公正又科学简便的程序设计,合理期限的多元保障机制,国家、集体和个人增值收益分配机制等问题。

(三)推动社区营造,注重"自下而上"的施政方略

从台湾社区治理实践来看,整个社区营造过程中,政府推动社区营造往往比较注重落实"社区自主""自下而上"的施政方略,将社区营造具体事务让渡给社区居民,以权力下放与政府投入作为驱动因素,在社区的基础设施、环境景观、人文教育、环保治安等相关领域建立由下而上的提案机制,鼓励社区居民对社区营造进行自我设计。以王宫社区为例,可以发现,即使暂时缺乏专业技术力量支持,但是居民参与度与积极性普遍较高,一定程度上利于乡村振兴、社区营造的可持续发展。此外,还需要探讨与思考社区改造需求与策略,利用专业知识,有计划地去引导过程中的参与者。比如需要环境改善,那就可以应用社区再生的策略,或者是需要产业结构的调整转换,那就针对产业的再生与衰败付出相应的行动。

(四)乡村振兴合作共赢,推动两岸命运共同体

两岸高校合作共建海峡两岸乡村振兴及社区营造研究院;推动乡村振兴及社区营造专业体系建设;建立"1+1+1"模式,暨一个台湾高校或社区营造团体+一个在地高校乡村振兴基地+一个乡村(乡镇);建立两岸乡村振兴及社区营造人才智库、企业智库、专家智库;开展包括乡村、政府、高校、企业、农民等各级乡建专业培训班;建立引进乡村振兴及社区营造台湾人才机制和平台。

四、从光明之城社区(乡村)振兴对乡村振兴的思考

(一)凝聚"家园意识",发展社区自治力量

光明之城建筑文化体验营社区营造的核心是"人",价值是"共同体意识",关键是"塑造群众精神",治理的切入点是凝聚社区居民的"家园意识"。乡村振兴、社区

治理的重心应该在增强居民幸福感和认同感上下功夫，强化社区居民对自己社区的归属感，特别是在社区治理的策略上，社区多元共治是以居民的自发参与为前提，共同利益和诉求表达是促使人们走向一致的驱动机制。这就决定了社区治理的逻辑起点是，必须理顺民意反映渠道，建立和完善社区居民咨询机制、社区矛盾调节机制，以及民声诉求和反馈机制。

(二) 社区产业的更新与发展

社区产业的消逝是导致社区人口外流从而凋敝甚至废弃的原因之一。比如泉州许多小作坊式的家庭工厂，如何使得这些小作坊更好地在大企业的兼并威胁下稳健前行，或是引入文创旅游之类的产业，或是产业的更新。复兴当地的产业，从而使得社区的经济得到更好的发展，从而留住年轻人，增加社区营造的可持续力量，让居民的参与拥有更多的活力也是一个不错的方式。

(三) 资源盘点问题

盘点社区的现有资源，从现有资源出发，在自我可以控制的范围内去开展社区营造，活化社区。除此之外，历史、文化等资源的盘点也可以作为一项重要的工作开展，切实把握好所在社区的实体、虚体的资源都是非常重要的，如一些精神层面的资源的传承和发掘，并由此引出的一系列的事物都可以作为社区营造的切入点。

2018 海峡两岸青年学子光明之城建筑文化体验营

目 录

一　活动简介
二　活动组织机构
三　体验营行程表
四　海峡两岸青年学子光明之城建筑文化体验营开幕式
五　"记忆—乡愁"两岸城市生活影像志泉州公映会暨城南鹿港之夜
六　海峡两岸青年学子光明之城建筑类学生作业展暨优秀作业评选
七　海峡两岸建筑类大学生创新创业沙龙
八　海峡两岸青年学子社区振兴工作营资料

附录
华侨大学厦门校区地图
王宫社区地图

一　活动简介

光明之城建筑文化体验营为华侨大学品牌活动，历经多年完善，已成为海峡两岸建筑青年学子重要的文化交流活动。2017年活动由华侨大学和台北市立大学联合主办，得到了清华大学、中央美术学院、广州美术学院、台湾台北科技大学、台北市立大学、逢甲大学、铭传大学的大力支持。2018年活动由华侨大学和台北市立大学、福建省土木建筑学会联合主办。

本活动旨在推进中华文化的传承和发展，提升海峡青年学子的文化认同感，促进两岸大学生创意设计实践的交流。

体验营活动包括：
一、2018海峡两岸青年学子光明之城社区振兴工作营
二、2018海峡两岸光明之城建筑类学生作业展暨优秀作业评选
三、2018海峡两岸建筑类大学生创新创业沙龙
四、"记忆—乡愁"两岸城市生活影像志泉州公映会暨城南鹿港之夜

本届光明之城建筑文化体验营以"弘扬海丝文化、共筑光明之城"为主题，要求学生在为期五天的时间里，对王宫社区进行调研，结合自身专业知识，提出相应的社区振兴方案。同时建筑类学生作业展暨优秀作业评选、"记忆—乡愁"两岸城市生活影像志活动给两岸的老师和同学提供了讨论交流、彼此学习、共同合作的平台，体现了海上丝绸之路"合作、包容、互利共赢"的精神。而泉州江南街道王宫社区的实际考察调研行则能够让学生亲自近距离体会闽南历史文化名城的魅力，感受闽南地区建筑在"海上丝绸之路"影响下风格、形式的变化。

二 活动组织机构

指导单位： 闽台交流协会
中国建筑学会
台湾建筑师公会

主办单位： 华侨大学
台北市立大学
福建省土木建筑学会

联合主办单位： 中国建筑学会建筑教育评估分会

承办单位： 华侨大学建筑学院
台北市立大学市政管理学院

协办单位： 北京华巨建筑设计有限公司
华侨大学建筑学省级工程实践教育中心

媒体支持单位： 厦门寻百品牌策划有限公司

主办单位邮箱： 837340761@qq.com

参赛单位： 华侨大学
台北市立大学
台北科技大学
逢甲大学
铭传大学
中华大学

官方微信公众号

三　体验营行程表

时　　间	活动内容
5月25日 （周五）	参赛队伍报到 光明之城开幕式 海峡两岸光明之城建筑类学生作业展暨海峡两岸影像志 揭幕、观展、优秀作品评选
5月26日 （周六）	七响王宫南洋社区文化周 暨2018海峡两岸青年学子光明之城社区振兴工作营开幕 社区营造王宫前进再生基地揭牌 海峡两岸青年学子光明之城社区振兴工作营（一）
5月27日 （周日）	海峡两岸青年学子光明之城社区振兴工作营（二） "记忆—乡愁"两岸城市生活影像志公映（泉州） 古城踏勘
5月28日 （周一）	海峡两岸青年学子光明之城社区振兴工作营（三） 海峡两岸建筑类大学生创新创业沙龙
5月29日 （周二）	海峡两岸青年学子光明之城社区振兴工作营成果汇报
5月30日 （周三）	各高校返程

四　海峡两岸青年学子光明之城建筑文化体验营开幕式

时间	内容	备注
下午2:30	作业展评选开始	
下午3:00—5:00	作业展评选结束 开幕式仪式开始	主持人： 建筑学院团委副书记 郑莳琦
	学生主持人介绍本次活动 参与院校以及嘉宾老师	
	华侨大学副校长刘塨致辞	
	省台办代表致辞	
	台北市立大学邱英浩院长致辞	
	宣布活动正式开始	
	主持人宣读获奖作品并颁奖	台湾建筑师协会张老师 颁发特别奖； 华侨大学建筑学院团委书记 欧海锋颁发优秀奖
	主持人宣布活动正式结束	
下午5:30	各团队就宴	

五 "记忆—乡愁"两岸城市生活影像志泉州公映会暨城南鹿港之夜

主持人：吴少峰　邱英浩（台湾）
地点：城南水巷车桥头
时间：2018年5月27日 18:00—21:30
共同发起单位：
华侨大学建筑学院、台北市立大学城市发展学系、中华大学建筑与都市计划学系、逢甲大学室内设计系、铭传大学建筑系、台北科技大学建筑系、美街文旅（厦门）投资运营管理有限公司、泉州古城发展公司、集友之光

执行单位：新桥新生社区营造组、华侨大学建筑学省级工程实践教育基地、美好生活街区营造联合创新实验室（WLAB）

活动背景：

世界上所有伟大的城市都拥有伟大的文化，从文化角度来说，城市吸引我们的原因在于，我们可以在城市中遇见闻所未闻的人，发现闻所未闻的事，甚至在此之前，我们都不知道他们的存在，也不知道自己会为之所吸引。认识一座城市，最好是从认识住在那里的人开始。人，和城市一样，在成长生活的过程中，背负着自身的历史和变迁，他们的生命脉络跟城市的发展脉络是吻合的，城市的日新月异，投射在他们身上，耳口相传，代代相传。乡愁，是家乡留在我们身上的文化符号，是中华民族血液中的传统印记，海峡两岸一脉相承，这份承载着记忆的乡愁，漂洋过海，联系着两岸人民。

两岸高校学子心系同源，相约五月泉州城南鹿港郊，用镜头共同拼合大型文化纪录片"记忆—乡愁"，重启富美古渡，写下两岸的记忆与城市！

影片名单

院校	参展作品
华侨大学建筑学院	《城南浮生》
台北市立大学城市发展学系	《从心认市》
铭传大学建筑系	《迪化街好行》
中华大学建筑与都市计划学系	《因建筑在风城相遇》
逢甲大学室内设计系	《逢》
台北科技大学建筑系	《台北城》

六 海峡两岸青年学子光明之城建筑类学生作业展暨优秀作业评选

一、活动背景

光明之城建筑文化体验营为华侨大学品牌活动,历经多年完善,已成为海峡两岸建筑青年学子重要的文化交流活动。本次建筑类学生作品展暨优秀作业评选意在通过海峡两岸青年学子共同活动,促进两岸优秀青年设计学子相互认知,共同进步。

二、地点

福建省厦门市华侨大学厦门校区建筑学院中庭(D5 区三层)

三、主题

人·社会·环境

四、参展单位

华侨大学、台北市立大学、逢甲大学、中华大学、台北科技大学、铭传大学建筑、景观、规划专业在校生。

五、参展形式

个人或团队参展。其中团队人数不得超过 4 人。

六、参展时间

自评选日起至 2018 年 5 月 30 日,各组作品布展于华侨大学建筑学院,供学生学习交流。

七、评选方式

教师评审团队自由参观,并填写评选表,最后由学生干部统计评选结果。

八、评审标准

（1）参展作品须符合本作业展的"参展要求"；

（2）倡导在研究基础之上的有深度的设计；

（3）鼓励体现独立思考、具有批判意识的原创设计；

（4）应充分体现可持续发展的理念，思考城市、建筑与人的行为活动之间的关系，体现绿色建筑技术、地域生态特征和可实施性原则。

九、奖项及奖励

根据参展作业数量，按照概念、表现、创意等评审标准分发特别奖和优秀作业奖若干，并由华侨大学建筑学院颁发奖状。

七 海峡两岸建筑类大学生创新创业沙龙

主办单位:华侨大学建筑学院、中共鲤城区委人才办

参加单位:华侨大学建筑学院、台北市立大学城市发展学系、中华大学建筑系、逢甲大学室内设计系、铭传大学建筑系、台北科技大学建筑系

时间:2018年5月28日15:00—17:00

活动地点:王顺兴信局

活动目的:为了积极响应国务院深化高等学校创新创业教育改革,华侨大学建筑学院于2017年正式创办了华侨大学建筑学院创新创业中心,旨在借助强大的师资力量,激发高校在校学生的创新创业热情,培养学生的创新创业能力。通过各类大学生创新创业类竞赛,使学生更加清楚地认识到当代社会对于创新创业方面的基本素质要求。本次海峡两岸建筑类大学生创新创业沙龙,结合华侨大学建筑学院学生成功的城乡振兴项目、互联网+项目,与台湾各名校师生共同探讨,并交流创新创业方面的经验、积累、学习,共同进步。

活动流程:

由建筑学院田浩舸主持沙龙活动。

(1) 区委人才办"人才港湾"计划宣讲

(2) 演讲人:华大学生代表于悦,演讲题目:《乡建实践》

(2) 演讲人:华大学生代表何宗超,演讲题目:《建筑学院 APP》

(3) 演讲人:华大学生代表子强,演讲题目:《城市有趣 APP》

(4) 茶歇

(5) 演讲人:台湾学生代表

八　海峡两岸青年学子社区振兴工作营资料

活动背景：社区发展兴盛于1990年代英美等国家兴起的第三条路（The Third Way）政策路线，其中将权力下放至地方或社区的分散化主张，让地方或社区在公共领域中的角色比以往受重视，社区甚至被视为政府治理的基本单位。1955年与1960年联合国发表的《经由社区发展实现社会进步》（Social Progress Through Community Development）及《社区发展与经济发展》（Community Development and Economic Development）两报告中订定了社区发展的主要意涵，强调由人民主动参与执行社区的营造，政府则担任引导辅助的角色。在联合国的推动下，"社区发展"成为一个全球性概念与议题，旨在促进当地生活环境的进步与发展，并关注居民生活环境、社区参与和社区管理品质的提高。

台湾的社区发展计划自1965年试办推行至今近半个世纪，在各个阶段有着不同的目标，也发挥了多样功能。

社区工作从"基础建设""社区照护"与"社区公共福利"等方向逐步延伸为"社区总体营造""社区人才培养"与"永续社区"等目标，代表了台湾社区发展历程中多样的工作取向以及不同的愿景与目标。社区营造在台湾的城乡发展中一直是重要的一环，随着时间的推移对社区的发展及功能也有了不同的认知与期待，现今社区营造强调政府与民间双方正向互动。社区发展中涵盖城乡风貌、都市更新、社会网络、公共参与以及健康永续等多项重要议题，可以说社区是城乡发展中由下而上最重要的推动力之一。

2012年以来，海峡两岸高校共同启动了城乡社区可持续发展的研究：2012年台湾中国文化大学与华侨大学启动福建土楼居住环境与形态联合调研；双方进而联合举办2014台湾华光社区更新工作坊，建立了两岸社区发展研究的初步系统；2018年，华侨大学建筑学院、台北市立大学城市发展学系依托光明之城活动平台，联合发起海峡两岸青年学子社区振兴工作营，选取泉州著名侨乡江南王宫社区发展作为首次议题，得到台湾其他高校的积极回应。

参与高校：华侨大学、台北市立大学、逢甲大学、台北科技大学、中华大学、铭传大学

工作营社区简介：

王宫社区辖上福、王宫、前墩三个自然村，以王宫自然村命名。上福村以洋埭李一姓居民，西连霞洲村，东接王宫村；王宫村主要有王、陈、蔡、曾、苏五姓居民，西连上福村，东接前墩村；前墩村主要有陈、林、蔡、黄、刘五姓居民。

社区北靠江滨路，临晋江溪水边，有多棵榕树连成一片，成为古榕树群。南临兴贤路，有一公里长的夜市，每到夜幕降临，商品琳琅满目，五花八门，顾客如潮，十分繁华。东与东浦社区毗邻，西与霞洲社区相接，面积0.79平方公里。常住人口约1 000人，流动人口约5 000人。王宫社区也是江南街道办事处所在地。

王宫社区清代时属晋江三十四都福田铺，20世纪40年代属四维乡，50年代属晋江县四区，60年代初属满堂红公社，80年代中改称浮桥镇，2003年改称浮桥街道，2006年底划归江南街道。

王宫社区是著名侨乡，华侨以旅居菲律宾居多，也有少部分旅居印尼、马来西亚、新加坡、美国。王宫陈氏华侨历史博物馆就是有力见证。

王宫陈氏华侨历史博物馆设于陈氏祖厝内，馆内陈列陈守仁家族海外奋斗创业历史，是福建省唯一的一家私人创办的华侨历史博物馆。

王顺兴信局遗址是乡里人王世碑19世纪中后期穿梭于厦门和菲律宾的水客民间信使，19世纪末经清政府挂号创办信局，经营海内外华侨汇款国内，在菲律宾、厦门、泉州王宫都有营业点。

陶英小学。20世纪30年代王为针、王为倡创办私立陶英小学，拆除原王公宫建二层楼校舍。90年代末旅美侨领陈守仁、陈友仁兄弟捐资，在社区支持下另建校舍，定名中山陶英小学，原址复建王公宫。

王宫拍胸舞。最正宗、最原汁原味的拍胸舞被誉为东方迪斯科，不仅走到央视春晚的舞台，也走向世界。拍胸舞被列入国家首批非物质文化遗产名录。

王宫车鼓婆也为泉州文化部门指定最典型的闽南民俗敲击乐舞，名列泉州市级非物质文化遗产名录。

王宫民居中既有规格很高的传统式古大厝，也有纯西洋式的别墅豪园，另外也有不少中西合璧的佳构，鳞次栉比，洋洋大观，如：李小炉故居、船楼、奇园、林氏祖厝。

王宫社民一直以来的主要生活来源是种植水稻、蔬菜。20世纪80年代之后，大部分水田被国家征用为远太工业区和明光小区，村民自谋生路，在原住宅区建新楼房，改农耕收入为房租收入。

王宫社区及陈守仁家族福利基金每月发给社区60及60周岁以上的老年人350元养老金，是鲤城区居家养老较好的社区。

附录　华侨大学厦门校区地图

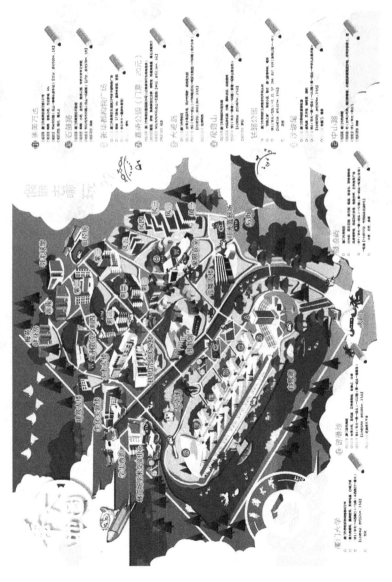

附录 王宫社区地图

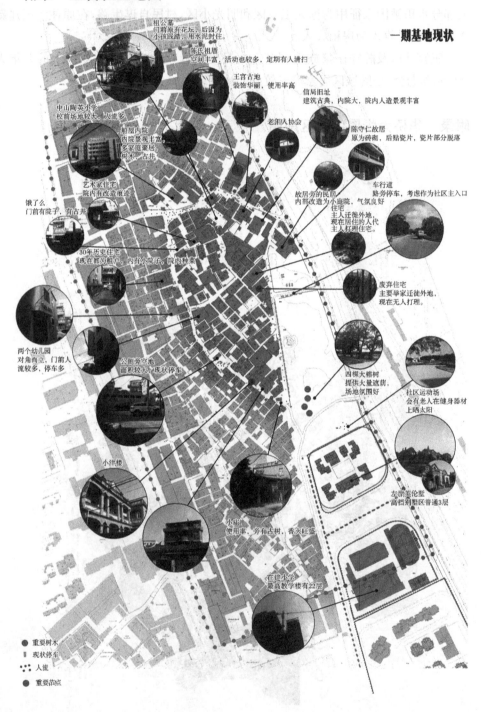

2019海峡两岸青年学子光明之城建筑文化体验营暨2019海外华裔大学生—华侨大学营

The glorious realm 2019:
the cross—strait workshop of constructing competition

目 录

一　活动简介

二　活动组织机构

三　体验营时间表

四　海峡两岸青年学子光明之城建筑文化体验营华大开幕式（行前会）

五　沙龙讲座时间表

六　侨村振兴工作营成果汇报

七　晋江市永和镇钱仓村资料

附录　BRT快速公交路线图
　　　华侨大学厦门校区地图
　　　厦门市鼓浪屿地图
　　　晋江市五店市地图

参赛团队名单

体验营联络电话（各高校组委会对接人）

台北市立大学	柴珂翊	金门大学	林莉
逢甲大学	欧阳婷姗	铭传大学	刘凤若
台北科技大学	吴承超	香港中文大学	刘舒婷
高雄大学	高翔	马来西亚拉曼大学	闫丛笑
中华大学	郑黛娜		陈周涵

林广场学术交流中心（宾馆）

电话：400-631-7160

地址：集美大道668号华侨大学校园内

一　活动简介

海峡两岸光明之城建筑文化体验营为华侨大学品牌活动，由华侨大学建筑学院具体承办，活动目的为专业服务地方、促进社会发展。体验营自2002年开始，历经多年完善，已成为海峡两岸建筑青年学子重要的文化交流融合平台。体验营先后得到国台办3次重点立项，福建省台办、中国建筑学会、台湾建筑师公会、中国建筑学会建筑教育评估分会专家多次莅临指导。两岸青年在乡土建设过程中结下了深厚的友谊，促进了两岸融合发展。竞赛成果经华侨大学建筑学院后续整理实施，持续有力地推动了乡土振兴。

2019年海峡两岸光明之城建筑文化体验营选址晋江市永和镇钱仓自然村，活动时间为2019年5月15日（周三）至5月20日（周一），参加高校为台湾台北市立大学、高雄大学、台北科技大学、中华大学、铭传大学、逢甲大学、金门大学以及华侨大学、香港中文大学9校，营员规模87人（不含博士研讨会与会博士）。2019海外华裔大学生—华侨大学营加入活动，营员规模36人。

体验营活动包括：

一、2019海峡两岸青年学子光明之城侨村振兴工作营暨2019海外华裔大学生—华侨大学营

二、2019海峡两岸建筑类大学生创新创业沙龙

三、2019海峡两岸城乡社区营造博士分享会

四、2019海峡两岸城乡人居环境博士研讨会

本届光明之城建筑文化体验营以"弘扬海丝文化、共筑光明之城"为主题，要求学生在为期五天的时间里，对钱仓自然村进行调研，结合自身专业知识，提出相应的社区营造与振兴规划方案。同时海峡两岸青年创新创业沙龙、海峡两岸城乡社区营造博士分享会活动给两岸的老师、同学和村民、村干提供了讨论交流、彼此学习、共同合作的平台，体现了海上丝绸之路"合作、包容、互利共赢"的精神。而晋江钱仓自然村的实际考察调研行则能够让学生近距离体会闽南历史文化侨村的魅力，感受闽南地区侨村建筑在"海上丝绸之路"影响下风格、形式的变化。

二 活动组织机构

指导单位：中国华文教育基金会
　　　　　福建省台港澳办

主办单位：华侨大学
　　　　　台北市立大学
　　　　　晋江市委乡村振兴办
　　　　　福建省土木建筑学会
　　　　　台湾都市及区域研究学会

协办单位：晋江市城乡规划设计研究院

承办单位：华侨大学建筑学院
　　　　　台北市立大学市政管理学院
　　　　　晋江市农业农村局
　　　　　晋江市永和镇人民政府
　　　　　晋江市永和镇钱仓村委会

媒体支持单位：中国新闻社
　　　　　　福建日报
　　　　　　泉州晚报
　　　　　　晋江经济报
　　　　　　其他地方媒体

主办单位邮箱：495754268@qq.com

参赛单位：华侨大学
　　　　　台北市立大学
　　　　　台北科技大学
　　　　　高雄大学
　　　　　逢甲大学
　　　　　铭传大学
　　　　　中华大学
　　　　　金门大学
　　　　　香港中文大学
　　　　　马来西亚拉曼大学

2019 海峡两岸青年学子光明之城
建筑文化体验营组委会

三　体验营时间表

行程		活动内容	地点
第一天 5月15日 （星期三）		2019海峡两岸青年学子光明之城建筑文化体验营开幕式侨村振兴工作营行前会	华侨大学厦门校区
		就餐后集合，统一前往晋江市钱仓村	
第二天 5月16日 （星期四）	上午	2019海峡两岸青年学子光明之城侨村振兴工作营暨2019海外华裔大学生—华侨大学营开幕式： 1. 两岸宏图乡村墙绘启动仪式 2. 海峡两岸建筑类大学生乡村振兴实践基地揭牌 3. 晋江市永和镇乡村振兴共建协议签约仪式	永和镇钱仓村
	下午	2019海峡两岸建筑类大学生创新创业沙龙（每组2名同学参加）	永和镇云裳小镇
第三天 5月17日 （星期五）	上午	侨村钱仓社区营造与振兴规划分组调研及设计	钱仓村及镇域中心
	下午	海峡两岸城乡社区营造博士分享会（每组2名同学参加）	钱仓村委会（仙家茶大厦9层）
第四天 5月18日 （星期六）		侨村钱仓社区营造与振兴规划分组调研及设计	钱仓村及镇域中心
		海峡两岸城乡人居环境博士研讨会	华侨大学厦门校区
第五天 5月19日 （星期日）		海峡两岸青年学子光明之城侨村振兴工作营成果汇报（公开展览及汇报评审、颁奖）	永和镇钱仓村粮仓旧址
第六天 5月20日 （星期一）		小组成员陆续前往机场、码头、车站，返程	厦门高崎机场厦门北站等

四　海峡两岸青年学子光明之城建筑文化体验营华大开幕式(行前会)

时间:2019年5月15日(星期三)

时间	内容	备注
16:30—17:00 (开幕式:建筑学院中庭)	开幕式仪式开始	开幕式负责人: 姜晓琪 主持人: 田浩舸
	主持人介绍本次活动参与院校以及嘉宾老师	
	华侨大学建筑学院陈志宏院长致辞	
	台北市立大学邱英浩院长致辞	
	授旗仪式	
	建筑学院中庭合影留念	
	开幕式结束、前往D5-203召开行前会	
17:00—17:40 (行前会:教学区D5-203)	晋江市规划设计研究院李越院长、苏倍庆总规划师介绍晋江市情、永和镇情	
	吴少峰老师介绍竞赛要求	
	欧海锋老师介绍安全须知	
17:50	行前会结束,各团队自行前往紫二餐厅就餐	
19:00	集合,统一前往晋江	集合地点:华大建筑学院D5楼下
5月16日9:00	晋江开幕式	到达永和镇侨成酒店

五　沙龙讲座时间表

时间	题目	主讲人	主持人	地点
5月16日 星期四 15:00—17:00	海峡两岸建筑类大学生创新创业沙龙	1. 晋江林文章、翁清池先生；2. 华大校友李纪翔、于悦先生	闫丛笑	永和镇云裳小镇
5月17日 星期五 15:00—17:00	海峡两岸城乡社区营造博士分享会	台湾博士	吴少峰	钱仓村委会（仙家茶大厦9层）
5月18日 星期六 15:00—17:00	海峡两岸城乡人居环境博士研讨会	台湾博士	陈志宏	厦门校区学术会议中心

六　侨村振兴工作营成果汇报

时间		内容	地点
5月19日（星期日）	7:00—7:45	早餐	永和镇钱仓村粮仓旧址
	8:00—11:45	各小组布展、准备答辩	
	12:00—13:00	午餐	
	13:00—17:00	评委评审 各小组参与答辩 统计结果	
	17:00—18:00	颁奖、合影留念	
	19:00	大餐叙（镇食堂）	

七 晋江市永和镇钱仓村资料

晋江地处福建东南沿海，三面临海，属亚热带海洋性季风气候，风大水缺、土地瘠薄。全市陆域面积 649 平方公里，海岸线长 121 公里，海域面积 957 平方公里。全市辖有 13 个镇，6 个街道办事处，392 个行政村（社区），户籍人口 111.8 万，外来人口 130 万，县域经济基本竞争力持续位居全国前 5 位。

永和镇隶属福建省晋江市，自宋代始开埠，清代易名为"永和"，其寓意为"永结和好"，为晋江市中南部的交通枢纽。其东邻著名侨乡石狮市（8 公里），南近深沪、金井对台贸易万吨级码头（15 公里），北临晋江机场（16 公里），西接福泉厦高速公路入口处（15 公里）。社马路、草马公路、大深公路、石东公路和石灵公路等市级公路贯穿全境，泉州环城高速公路围头支线从镇区东部穿过，厦漳泉城市联盟高速公路从镇区过境，泉州南站设于镇域北部（晋江南站位于福建省晋江市永和镇古厝村，施工工期 5 年，其中，晋江段全长约 26.29 公里，预计 2021 年前后全面开通）。

永和镇全镇土地面积 48 平方公里，人口 6.6 万人，人均土地约 0.7 亩（按照常住人口计算）。作为福建著名石材之乡，全镇已探明花岗岩资源储量 1.5 亿立方米以上，历史支柱产业为采石业、石材加工业以及周边产业。随着污染减排"硬约束"与经济社会发展的矛盾逐渐突出，永和镇石材产业逐渐退出，当前永和镇经济社会发展将越来越多地面临绿色增长压力。同时永和镇人居环境质量较差，镇区绿化与广场用地面积为 2.92 公顷，占建设用地的 0.57%，人均面积仅 0.65 平方米。

永和镇为著名侨乡，旅居海外侨胞和港澳台同胞 4 万多人。永和镇镇区由现状永和镇驻地与马坪、茂亭、永和、古厝 4 个行政村组合而成，镇政府驻地位于永和村。

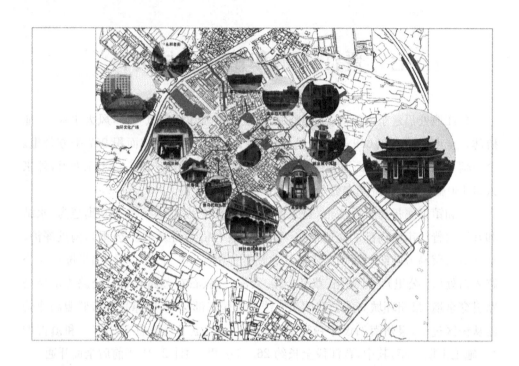

奖项设置(视参赛情况而定)

金奖:3 000 元(两组)

银奖:2 000 元(三组)

铜奖:1 000 元(六组)

佳作奖(六组)

附录　BRT 公交路线图

快 1 线
（厦门北站—第一码头）
快 6 线
（厦门北站—前埔枢纽站）

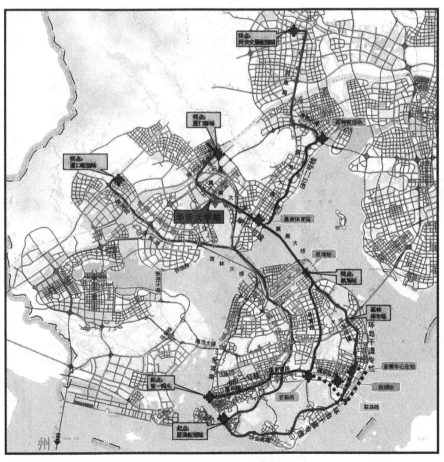

● 建筑设计未来院所长创新创业教育研究

附录 华侨大学厦门校区地图

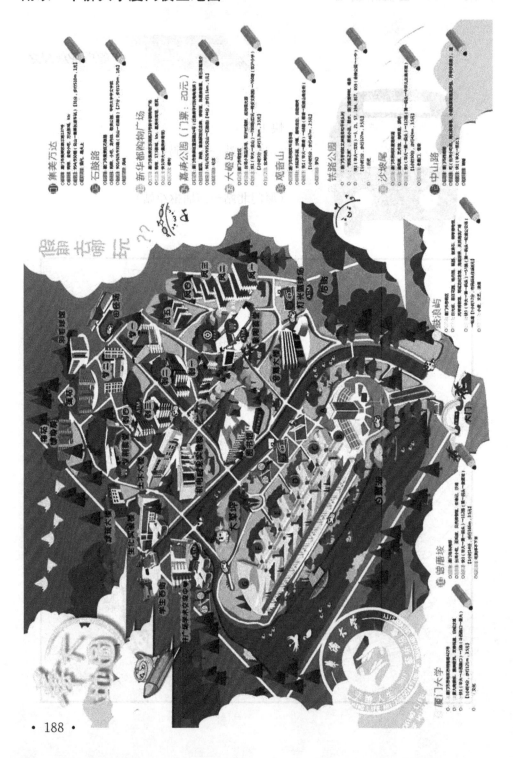

附录　厦门市鼓浪屿地图

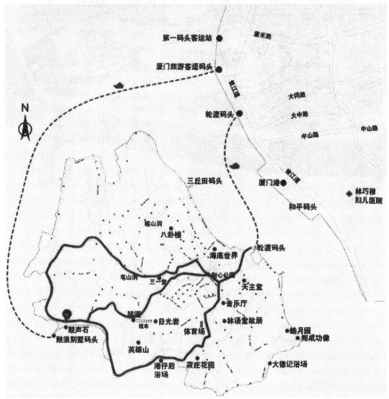

附录　晋江市五店市地图

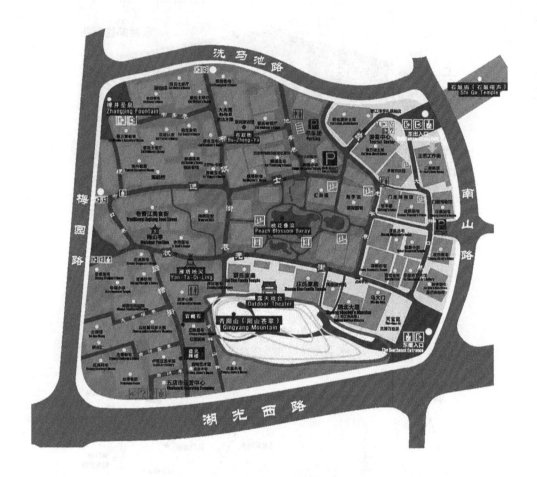

建筑学院:"知情意行"港澳台侨学生实践教育交流

为贯彻落实《华侨大学深入学习贯彻落实习近平总书记视察暨南大学重要讲话精神专项行动计划》,华侨大学建筑学院开展"知情意行"港澳台侨学生实践教育交流,以促进闽港澳台交流为目标,建立闽港、闽澳、闽台三个交流平台,成立志愿服务团队,以"建筑设计"为媒,坚持"建筑服务闽港澳台,专业技术造福民生",通过乡村振兴和社区营造、活力台北设计、澳门城市更新活化、"寻找筑迹"香港厦门建筑文化双向交流、中马大学生一带一路建筑营等载体,增进港澳台侨学生对区域协同发展的认知,提升高校、政府、企业对港澳台侨学生的吸引力,促进内地与港澳台的深度融合,贡献侨校统战力量。

重"知":以建筑服务澳门,技术造福民生

"你可知'MACAU'不是我的真名姓?我离开你太久了,母亲!"建筑是凝固的历史,澳门历史城区见证了澳门四百多年来中华文化与西方文化互相交流、多元共存的历史。然而时代在发展,旧城在更新,如何做到城市在发展过程中,既高效快捷发展,又良好保留历史文化?这是城市建设者要思考的问题,也是华侨大学建筑学院师生的设计原则。

华大建院师生在澳门调研

为促进闽澳交流,建筑学院成立澳门班,联合华侨大学澳门校友会、澳门工务局、澳门基金会、澳门建筑师协会,从 2011 年开始,连续 9 年开展"澳门世遗路线扩

展与旧城更新"等课题调研,形成9部专集,向澳门特区政府提供旧城更新设计规划咨询提案;在澳门科技馆承办9次城市更新设计方案咨询成果展,面向特区市民广泛征求意见,以建筑服务澳门,技术造福民生。

建筑学院澳门班城市更新设计成果展

2019国际七校研究生联合设计成果答辩与展览在澳门成功举办

养"情":以建筑连系两岸,文化振兴乡村

"我们是东海捧出的珍珠一串,琉球是我的群弟,我就是台湾。"大陆与台湾本是同根生,一水相连,福建在与台湾的交往中更具有独特的"五缘"优势,即"地缘相近、血缘相亲、文缘相承、法缘相循、商缘相连"。在相同的背景文化下,我们都怀有一颗向往交流、共通共融的心。

为推动闽台交流,建筑学院联合台湾建筑师公会、闽台交流协会、台北市立大学等,开展海峡两岸毕业生共题设计、光明之城建筑文化体验营7年,接待来访建筑类专业大学生"首来族"千余人,形成"美丽闽南行"和"活力台湾行"两大部分实践活动。两岸青年学子通过实地调研,提出相应的乡村振兴和社区营造设计方案30多个;联合政府部门连续两年举办两岸大学生创新创业论坛,提供大陆就业创业政策咨询、职业介绍、开业指导、创业孵化等方面的服务;开设"台湾旧城青旅共题设计"课题,为台湾的局部发展出谋划策;于2014年牵头成立海峡两岸高校建筑类学生专业实践联盟;2019年牵头建立海峡两岸建筑类大学生乡村振兴实践基地;启动建筑学院港澳台侨学生"知情意行"实践教育工程,积极引导港澳台侨学生用专业知识服务社会;举办港澳台侨学生专创融合实践教育成果展,将专业教育与创新创业教育融合发展。

海峡两岸光明之城建筑文化体验营

"台湾旧城青旅共题设计"课题

海峡两岸建筑类院校联合设计展

港澳台侨学生"知情意行"实践教育工程

港澳台侨学生专创融合实践教育成果展

坚"意":以建筑谱写历史,坚定筑迹交流

"我好比凤阁阶前守夜的黄豹,母亲呀,我身分虽微,地位险要。"一百七十年间,香港从小渔村摇身一变成为国际大都市。追根溯源,在香港居民中,福建籍乡亲达120万人,占香港总人口的六分之一。一栋栋建筑见证了香港的发展,是对香港历史文化发展的记忆留存。

为促进闽港交流,建筑学院联合香港建造业总工会,开展"寻找筑迹"香港厦门建筑文化双向交流活动;组建"安阳志愿服务队"为贫困乡村捐赠衣物。与香港中文大学等10所高校建立建筑类实践联盟,形成海内外建筑教育高校朋友圈。以青年之力,加深闽港的交流之情谊。

"寻找筑迹"香港厦门建筑文化双向交流活动　　安阳志愿服务队

持"行":以建筑媒介两国,理论结合实践

据历史记载,第一批跟随郑和下西洋到马来西亚的就是福建泉州一带居民。生活在马来西亚的华人后代,很多依然保留着中华文化传统,其中包括很多祭祀、婚礼习俗。中国文化与西方文化融合,使马来西亚的建筑风格多元化,既有欧式的洋气,又有着浓郁复古的中国风。

为促进中马交流,建筑学院联合华文教育处、马来西亚拉曼大学,运用专业知识,强化专业实践平台:开展"一带一路"中马建筑类大学生实践营2期。实践营以"建筑"为媒,中马大学生共同学习生活13天,通过开展"一带一路"建构与木工营,聆听"一带一路"建筑和文化专题的讲座,参与"奋斗的青春最美丽"演讲赛、创新创业沙龙,专业服务于社会课程实践。通过亲自建构,身体力行进行文化的交融。

"一带一路"中马大学生实践营

"一带一路"建筑和文化专题讲座

创新创业沙龙　　　　　　　　　　"奋斗的青春最美丽"演讲赛

　　重"知",养"情",坚"意",持"行",用建筑专业知识服务社会,共创美好生活;在贯彻落实专项行动计划中,用建筑学院的"小工程"绘制中国梦的"大蓝图",我们一直在路上。